I0804783

RESTAURANDO LAS RAÍCES JUDÍAS DEL EVANGELIO

RESTAURANDO LAS RAÍCES JUDÍAS DEL EVANGELIO

Un Mensaje para Cristianos
Este libro es una version abreviada del
Manifiesto Judio Mesianico

por
David H. Stern

Lederer Books
A division of
Messianic Jewish Publishers
Clarksville, MD 21029

Las citas biblicas del Nuevo Testamento están tomadas del *Jewish New Testament* (*Nuevo Testamento Judío*) y traducidas literalmente. Las citas del Antiguo Testamento están tomadas de la Biblia en Español de las Sociedades Biblics de América Latina, Revisión de 1960.

Copyright ©1998 por Jewish New Testament Publications, Inc.
Todos los derechos están reservados. Ninguna porción de este libro puede ser reproducida de ninguna forma, sin un permiso por escrito del editor, excepto por breves citas en criticas literarias.

Primera edición en castellano traducida por: Emma Benjamin; Avi Schwartz;
David y Julia Sedaca
Impreso en U.S.A.
La portada fue diseñada por Elhanan Ben Avraham.

2020 9

ISBN 978-965-359-017-5

Library of Congress Catalog Card Number: 98-067439

Lederer Books
una división de
Messianic Jewish Publishers
6120 Day Long Lane
Clarksville, MD 21029

Se pueden conseguir a traves de
Messianic Jewish Publishers & Resources
Order line (800) 410-7367
Lederer@messianicjewish.net
www.messianicjewish.net

ÍNDICE

INTRODUCCIÓN

"La verdad, toda la verdad, y nada más que la verdad". El Evangelio que predica la Iglesia, el Evangelio de la gracia de Dios hacia todos en forma personal, que se expresa en forma perfecta en los primeros ocho capítulos de la epístola a los Romanos, la cual a veces se resume en cuatro o cinco "leyes espirituales", es la verdad, toda la verdad. Pero no es la verdad completa. La verdad completa requiere de la restauración de las raíces judías del Evangelio.

Este libro comprende el siguiente mensaje, que a menos que la Iglesia haga todo lo posible para restaurar estas raíces judías, le está quitando un componente clave al Evangelio. Como resultado, no puede cumplir con la Gran Comisión en forma apropiada, y el pueblo judío no puede ser "luz para las naciones". Más bien que definir qué significa el judaísmo, deseo permitir que todo el libro, en el proceso de presentar su mensaje, comunique el contenido, mensaje y sazón de lo que necesita ser restaurado.

Cuando la Iglesia proclama un Evangelio sin sus raíces judías restauradas, en el mejor de los casos está fallando al presentar "todo el consejo de Dios" (Hechos 20:27). En el peor de los casos, podría estar comunicando lo que Sha'ul [Pablo] llamó "otro evangelio" (Gálatas 1:6–9). Además, no sólo los judíos padecen por esta predicación fuera de objetivo, los gentiles también padecen. Por consiguiente, creo estar enfocando un problema extremadamente serio que no ha recibido la atención que merece por parte de los cristianos.

Al hablar acerca de la restauración de las raíces judías del Evangelio estoy asumiendo que mis lectores estarán de acuerdo con los siguientes tres puntos, los cuales en sí no son parte de estas raíces judías restauradas pero sí se encuentran incluídos en ellas:

(1) el cristianismo es judío, (2) el antisemitismo[1] no es cristiano, y (3) el hecho de negarse o rechazar evangelizar a los judíos es en sí un acto antisemita. Vamos a repasar estas proposiciones en el capítulo III, terminando con un examen de lo que se quiere decir con la frase en Romanos 1:16, de que el Evangelio es poder para salvación "al judío primeramente".

Los primeros dos capítulos presentan la idea principal de este libro. El capítulo I compara la restauración de las raíces judías del Evangelio con la alternativa de "contextualizarlo" y concluye en que éste último está mal dirigido. El capítulo II es el centro de gravedad del libro, es una discusión acerca de los cambios que se producen cuando estas raíces judías (o el judaísmo) del Evangelio son restauradas.

Finalmente, el capítulo IV es un análisis de las bendiciones que van a fluir al ser restauradas estas raíces judías al Evangelio. Al final tenemos un glosario de todas las palabras hebreas y los nombres usados.

Este pequeño libro fue escrito primordialmente para cristianos no judíos y para judíos creyentes en Yeshua [Jesús] que no han meditado en cuan judía es su fe. Todo el material contenido aquí (con modificaciones menores) es parte de un libro más extenso, *Messianic Jewish Manifesto,*[2] que tiene como intención primordial el ser leído por judíos creyentes en Yeshua que se identifican de una manera positiva con su propio judaísmo; otros son animados a leerlo como si estuvieran leyendo por encima del hombro de un

---

[1] En este libro la palabra "antisemita" es un sinónimo de "antijudío". Este uso está abierto al criticismo debido a dos casos. Primero, algunos árabes pueden ofenderse puesto que ellos también son semitas; pero las personas de habla inglesa no quieren decir "antiárabe" cuando dicen "antisemita". En segundo lugar, escuché a un cristiano objetar la palabra "antisemitismo" puesto que de inmediato connota los horrores de la Alemania de Hitler. Puesto que yo no estoy tratando de sacar a luz estos recuerdos cada vez que el término aparece, debe ser reconocido que el antisemitismo representa un espectro no del bien sino del mal, de los pecados relativamente menores a los peores inimaginables.

[2] David H. Stern, *Messianic Jewish Manifesto*, Clarksville, MD, Jewish New Testament Publications, Inc., 1988.

judío mesiánico. Para las personas que desean estudiar más a fondo las ideas presentadas en *Restaurando las raíces judías del Evangelio*, o quienes encuentran que esto suscita más preguntas que respuestas, o quien desee comprender mejor el punto de vista de estos asuntos debería leer el *Manifesto*. Cualquiera que después de leer el *Manifesto* tenga preguntas, sugerencias o críticas, lo invitamos a que las comunique.[3]

En cuanto se refiere a judíos como no-judíos, que no creen en Yeshua, no es el propósito del presente libro convencerles. Existe amplia literatura con el fin de persuadir a las personas para que crean en él. Pero este libro asume, sin suplir pruebas, que Yeshua es de hecho el Mesías de Israel, y que el Nuevo Testamento y el *Tanaj* ["Antiguo Testamento"] constituyen la Palabra de Dios para la humanidad.

Me ha sido señalado que hay cristianos que sienten que este libro promociona la herejía de judaizar la cual condena Sha'ul (Pablo) en el libro de Gálatas. Pero "judaizar" no significa alentar a los creyentes del Nuevo Testamento a investigar el judaísmo de su fe. Más bien, significa una o una combinación de las siguientes tres cosas: (1) la insistencia de que los gentiles no pueden ser salvos por fe en Yeshua, el Mesías, a menos que se conviertan al judaísmo, (2) el hecho de requerir que gentiles salvos sigan las prácticas de la cultura judía y/o (3) legalismo, por ejemplo, como requerir a los gentiles que obedezcan una versión pervertida de la *Torá* en la cual la Ley de Dios es vista como una serie de reglas que no están relacionadas con la fe. Ni yo ni la gran mayoría de los judíos mesiánicos somos judaizantes. Yo creo que si este libro es leído a la luz de lo que "judaizar" verdaderamente significa, cualquier lector imparcial va a ver que esto es así.

David H. Stern
diciembre de 1987 y mayo de 1990

---

3 Los comentarios deben ser enviados a:
Dr. David Stern
6120 Day Long Lane, Clarksville, MD 21029

I LA CONTEXTUALIZACIÓN EN COMPARACIÓN A LA RESTAURACIÓN

A. *Cristianismo y cultura*

1. "Judaísmo transcultural"

"La Gran Comisión" de Yeshua a la Iglesia fue la de hacer discípulos de cada nación.[1] Pero en cuanto los primeros judíos mesiánicos empezaron a compartir con los gentiles, se hizo necesario separar el Evangelio de su contexto cultural para que su mensaje esencial no fuese estorbado con una carga cultural innecesaria para la salvación.

Aprender que el Nuevo Pacto no requería que los gentiles se convirtieran al judaísmo para ser salvos fue un proceso traumático para los creyentes judíos en Yeshua [Jesús]. Esto empezó con la visión de Kefa [Pedro] y con el ingreso de Cornelio a la fe.[2] Pero fue Saulo [Pablo], el emisario de Yeshua [apóstol] a los gentiles, quien resolvió todos los detalles. Por lo tanto, él estuvo presente en el Concilio de Jerusalén cuando Ya'akov [Santiago] anunció la decisión de que los gentiles no tenían que ser circuncidados y obedecer la *Torá* [La Ley] como se había llegado a desarrollar dentro del judaísmo tradicional. En lugar de esto, el único requerimiento de ingreso para ser aceptados totalmente como hermanos en el Señor era la obediencia a las cuatro *mitzvot* [mandamientos] que son detallados en Hechos 15:20.

1 Mattiyahu [Mateo] 28:18–20.

2 Hechos 10:1–11:18.

Posteriormente, Saulo pronunció aún más claramente la meta a la cual él estaba dispuesto a llegar para ganar a las personas, tanto judío como gentil, para el Señor. Él escribió en 1 Corintios 9:19–22:

> Por lo cual, siendo libre de todos, me he hecho siervo de todos para ganar a mayor número. Me he hecho a los judíos como judío, para ganar a los judíos; a los que están sujetos a la Ley (aunque yo no esté sujeto a la Ley) como sujeto a la Ley, para ganar a los que están sujetos a la Ley; a los que están sin Ley, como si yo estuviera sin Ley (no estando yo sin Ley de Dios, sino bajo la Ley de Cristo), para ganar a los que están sin Ley. Me he hecho débil a los débiles, para ganar a los débiles; a todos me he hecho de todo, para que de todos modos salve a algunos.

Al citar este texto me siento obligado, debido a criticismos que se hacen por lo regular, a reflexionar sobre "hacernos de todo a todos". Saulo no se estaba presentando a él mismo como un camaleón o como un hipócrita. Más bien, al decir que él se "hizo" como otros quiso decir que se puso a sí mismo en su posición, de sentir empatía por ellos, él trató de entender su marco mental, poniendo atención a "de dónde procedían" y en "dónde se encontraban". Lo que lo motivaba era su deseo de ganar las almas perdidas. El podría haber sido flojo, podría haber exigido a otros que se adaptaran a su cultura, en lugar de sentir empatía por la suya. Pero el llamamiento de Dios a su vida le constriñó a ir una milla extra, de hecho "hacerse esclavo" a las necesidades de otros.

En suma, Saulo no obligó a los gentiles a adoptar la cultura judía. Él pudo darse cuenta que el mensaje del Nuevo Testamento para los gentiles era realmente, en las palabras de Phil Goble, "un judaísmo transcultural", o, como se ha llegado a conocer, cristianismo.

2. Cristianismo no-transcultural

No todas las personas que han intentado llevar el mensaje del Evangelio cruzando barreras culturales han entendido los principios del evangelismo intercultural como Saulo lo enseñaba. Frecuentemente ha sucedido exactamente lo opuesto. El Evangelio fue confundido con la cultura, tanto así, que el mensaje no fue solamente tornar del pecado hacia Dios por medio de Yeshua, más también, abandonar nuestra cultura y ser separados de ella.

En algunas partes del mundo los misioneros vivieron (y todavía viven) en un *gheto* que ellos mismos habían creado, en un "recinto de misión". Cuando Dios tocaba a un nativo y le daba un nuevo espíritu, los misioneros lo traían al recinto y le daban una nueva cultura (usualmente la occidental).

James Michener describe este acercamiento de una forma gráfica en su libro *Hawaii*. El libro no es históricamente exacto y está lleno de prejuicios y una predisposición anticristiana, pero vamos a adoptar la perspectiva del autor por un momento. Él describe a los misioneros de Nueva Inglaterra a principios del 1800 exigiendo a los nativos de Hawaii que construyeran iglesias de madera con capiteles y que se vistieran como "puritanos" para poder ser cristianos. Tenían que hacerse extranjeros a su propia cultura. Es verdad que los *kamaainas* frecuentemente andaban desnudos, y el discipulado cristiano trae consigo modestia; sin embargo, la modestia no necesariamente trae consigo el adoptar una forma de vestir foránea. Cuando las personas se convierten al cristianismo sólo necesitan librarse de su pecado, no de su cultura, excepto por los elementos específicos de ésta que violen las normas de las Escrituras.

3. "¡Ahora que usted es cristiano, puede comerse un emparedado de jamón!"

En lo que concierne a la evangelización del judío, se convirtió en una práctica común desde el siglo cuarto no seguir el patrón de presentar el Evangelio en forma más compatible con las personas a las que se intentaba presentarlo. Por el contrario, no era suficiente que un judío aceptara a Yeshua como su Mesías, Salvador y Señor;

sino que tenía que "convertirse al cristianismo",[3] ¡lo que usualmente significaba adoptar una cultura foránea y a veces requería de la persona renunciar a todo lo que era judío! Esto último puede ser visto en la profesión de la Iglesia de Constantinopla en la que los judíos tenían que declarar lo siguiente si deseaban unirse a la santa comunidad del mesías judío, Yeshua:

> Renuncio a todas las costumbres, ritos, legalismos, pan sin levadura y sacrificios de corderos de los hebreos, y a todas las otras festividades de los hebreos, sacrificios, oraciones, aspersiones, purificaciones, santificaciones y propiciaciones, ayunos, luna nueva y Sabat y a las supersticiones, himnos y cantos y a las observancias en las sinagogas, y a la comida y bebida de los hebreos; en una palabra, renuncio absolutamente a todo lo judío, a toda Ley, rito o costumbre. . .y si después deseo negar y retornar a la superstición judía, o fuera encontrado comiendo con los judíos, o celebrando con ellos, o secretamente conversando y condenando a la religión cristiana en lugar de abiertamente refutarlos y condenar su vana fe, entonces venga el temblor de Caín y la lepra de Gehazi, tanto como los castigos legales a los cuales

---

[3] Como es usado aquí, "convertirse al cristianismo" significa ser un contraste con "convertirse en un judío mesiánico". Judíos que se convierten al cristianismo y judíos mesiánicos ambos creen en Yeshua, pero estos últimos retienen su identidad judía (lo que significa las prácticas judías tanto como los pensamientos judíos), precisamente lo que los judíos creyentes del siglo cuarto en adelante fueron prohibidos de practicar. Véase más adelante, en el capítulo II, en la sección B; y también en mi libro *Messianic Jewish Manifesto*, capítulo II (en casos más recientes muchos judíos convertidos al cristianismo voluntariamente han escogido escapar, ignorar o limitar su grado de identidad judía). De hecho, en el Nuevo Testamento el término "cristiano" no se usa por los creyentes para referirse a judíos mesiánicos sino a los gentiles que vinieron a conocer al único y verdadero Dios a través de Yeshua, el Mesías judío. Véase *Manifesto*, capítulo II, sección C–4. Si es que el término "cristiano" debería ser aplicado a los judíos mesiánicos en la actualidad es discutido en *Manifesto*, capítulo III, sección H.

> me reconozco como merecedor. Y sea yo anatema en el mundo por venir, y mi alma sea puesta con Satanás y los demonios.[4]

Más de una vez han sido requeridos los judíos mesiánicos en tiempos recientes a "probar su cristianismo" comiendo jamón. Yo mismo he experimentado en varias ocasiones incomodidad por parte de líderes cristianos cuando descubren que mi esposa y yo observamos *kashrut* [las leyes de la dieta judía].

B. *Contextualizando el Evangelio*

Cuando misiólogos de la época moderna, los estudiosos que ayudan a los evangelistas y misioneros en su tarea de obedecer la Gran Comisión, empezaron a indagar el problema de la gente que era sacada de su cultura para convertirse al cristianismo, ellos desarrollaron el concepto de *contextualización*. La palabra simplemente significa presentar el Evangelio dentro del contexto de la cultura recipiente, en lugar de fuera de este ambiente cultural. Se podría decir que es una manera elegante de hablar acerca de lo que Sha'ul hacía naturalmente. Cuando el Evangelio es contextualizado, los nuevos cristianos permanecen dentro de sus culturas y tratan de conformarse tanto ellos mismos como su cultura a la voluntad de Dios.

1. Contextualizando el Evangelio para los judíos

El fundamento de lo que vino a ser llamado el Movimiento Hebreo Cristiano en Inglaterra y otros países europeos durante el siglo diecinueve fue esencialmente un esfuerzo para contextualizar el Evangelio para los judíos. Los creyentes judíos fueron aconsejados a no abandonar a su gente sino a permanecer judíos, en tanto que su fe del Nuevo Testamento permaneciera ortodoxa. Fueron

4 "Profession of Faith, from the Church of Constantinople: From Assemani, Cod. Lit., I, p. 105", citado por James Parkes, *The Conflict of the Church and the Synagogue*, New York, Atheneum, 1974, pp. 397–398.

animados a celebrar *Pesaj* (Pascua), *Janucá* y otras festividades y generalmente a expresar su judaísmo. También se les recordó que la observancia de los elementos de la Ley Mosaica no realzaban su salvación; como los gentiles, ellos también son salvos por fe y no por "obras de la Ley".

Claramente la contextualización fue una mejora a los requerimientos de hacer que los judíos renunciaran a todo lo judío de su fe. Pero trataba con los judíos creyentes como personas problemáticas, en vez de tratar al judaísmo y al pueblo judío como una entidad corporativa sobre el cristianismo y sobre la Iglesia, con demandas conflictivas en lo concerniente a la verdad bíblica.

2. Tres tipos de evangelismo

Misiólogos han propuesto una clasificación de tres tipos de barreras culturales y lingüísticas que deben cruzarse para que el Evangelio pueda ser proclamado.

El Primer Tipo de Evangelismo es el compartir con cristianos nominales en la propia cultura de la persona que comparte. Estas personas son las que comparten no sólo el propio idioma y contexto cultural sino que también pueden haber crecido yendo a la Iglesia, escuchando el Evangelio y leyendo la Biblia. En pocas palabras, ellos han sido "cristianizados" pero no tienen el nuevo nacimiento. En términos referentes a una facilidad en la comunicación, este tipo de evangelismo es el más simple. (Sin embargo, que éste sea el más fácil en lo que se refiere a salvar a personas es otra cuestión.)

El Segundo Tipo de Evangelismo es con personas que comparten el mismo idioma o quizás viven en la misma sociedad o en una parecida, pero para los cuales sus presuposiciones culturales y religiosas pueden ser diferentes. Los cristianos blancos de clase media alta, que viven en los suburbios, que llevan el Evangelio a los negros de clases más bajas que viven en las ciudades, y los cristianos negros de las ciudades que llevan el Evangelio a los blancos de los suburbios que necesitan la salvación, se encuentran en ambos casos comprometidos con el segundo tipo de evangelismo. Igual que los cristianos japoneses en Japón, donde el medio religioso es budista y shintoísta.

El Tercer Tipo de Evangelismo es el que lleva el Evangelio traspasando barreras culturales y lingüísticas que a veces pueden parecer insuperables. La idea comunica bien el cuadro tradicional del misionero en una tribu primitiva en la selva aprendiendo el idioma, inventando un alfabeto, traduciendo la Biblia, peleando en contra de la cultura desconocida y contra el medio ambiente físico, todo para dar a conocer la gracia de Dios. De igual manera, los cristianos que experimentaron un avivamiento en Corea o en Indonesia y que ahora predican a los jóvenes indiferentes en Europa pueden encontrarse a sí mismos en este tipo de evangelismo.

Cada uno de estos tipos requiere su propia forma de aproximación a la contextualización. Por ejemplo, consideremos la presentación verbal de conceptos teológicos importantes. En el primer tipo de evangelismo, se puede usar "lenguaje cristiano" con tales términos como "pecado", "nuevo nacimiento" y "salvo", teniendo como objetivo el profundizar el oído espiritual del oyente en lo que respecta al significado de éstos, para que él pueda responder con fe. En el segundo tipo de evangelismo, tal terminología parece peculiar y problemática. Estas ideas deben ser llevadas de una manera diferente a los oyentes no-cristianos, usando sus vidas como ejemplos y no con la jerga de la iglesia. En el tercer tipo de evangelismo, el lenguaje y la cultura pueden dificultar totalmente la expresión de estos conceptos.

3. ¿Dónde se encuentran los judíos en todo esto?

¿Dónde se encuentran los judíos en este esquema? Si uno se refiere a los judíos como candidatos para el evangelismo del segundo tipo, como miembros no-cristianos de la misma sociedad y grupo lingüístico, entonces uno está asumiendo que la Iglesia está proclamando el verdadero Evangelio, y que la única tarea sería contextualizarlo. Alguien que tome esta posición puede llegar a argumentar que si un samoano puede ser cristiano y permanecer samoano, ¿porqué no puede un judío ser cristiano y permanecer judío?

Sin embargo, hay algo que es extraño, y aun incorrecto, al hablar de la contextualización del Evangelio para los judíos ¡debido a que el Evangelio era completamente judío en primer lugar! Si las raíces del cristianismo son judías, si el Evangelio en sí es judío en su propia esencia, ¿porqué debería ser contextualizado para los judíos?

¡La respuesta es que no necesita serlo, siempre y cuando el Evangelio del Nuevo Testamento sea proclamado! ¡De hecho, el Evangelio tuvo que ser contextualizado para los gentiles! Esto fue el ministerio de Sha'ul. Esta fue la victoria en el libro de los Hechos en el capítulo 15, donde el Consejo de Jerusalén decidió que los gentiles no tenían que convertirse al judaísmo para hacerse cristianos. Esta fue la victoria en Gálatas 2, donde Sha'ul confrontó a Kefa [Pedro] sobre el asunto de judaizar a los creyentes gentiles. El hecho, a través de la historia, de que los judíos fueron obligados a convertirse en gentiles para ser mesiánicos, nos muestra que tan lejos se extravió la práctica de los principios que Sha'ul había enunciado en el Nuevo Testamento. ¡También nos muestra que algo muy extraño había sucedido al Evangelio judío en el transcurso del tiempo!

La práctica se desvió no sólo de los principios de Sha'ul, sino de su propia esencia práctica. Sha'ul era un judío observante de toda la vida. De acuerdo con el Libro de los Hechos, Sha'ul circuncidó a Timoteo (Hechos 16:3); iba de forma regular a la sinagoga (17:2); hizo un voto judío (18:18); se apresuró a ir a Jerusalén para observar la festividad del peregrinaje de Shavu'ot [Pentecostés] (20:16); pagó para que otros judíos ofrecieran sacrificios judíos en el Templo judío (21:23–27); declaró delante del *Sanedrín* judío que desde siempre y hasta ahora, él era un *Parush* [fariseo] (23:7); y declaró al gobernador romano, Festus, que él "no había hecho nada en contra de la *Torá* en la que los judíos creen, ni contra el Templo (25:8, versión del *Jewish New Testament*).

Finalmente, habiendo peleado la buena batalla, y terminando la carrera y guardado la fe, pudo decir a la audiencia de judíos en Roma, "no he hecho nada contrario a la gente o a las costumbres ancestrales" (28:17)—la frase "costumbres ancestrales" incluye las tradiciones judías y no únicamente la *Torá* escrita. Si esta clase de vida fue lo suficientemente buena para Sha'ul, es lo suficientemente buena para los creyentes judíos hoy en día. Por favor, no ofrezcan emparedados de jamón a los judíos mesiánicos que mantienen una dieta *kosher*.

C. No *practiquemos la contextualización sino el cuarto tipo de evangelismo*

De hecho, cualquier judío puede como Sha'ul, ser mesiánico y permanecer judío. Sin embargo, pensar que esto resuelve todas las cuestiones es un gran error debido a que se pierde de vista el punto central. La razón es teológica. Desde un punto de vista sociológico, los judíos son de otra cultura, como los de Samoa (de hecho, no es tan simple, puesto que existen variedades de culturas judías).

Pero teológicamente, los judíos son únicos porque Dios los escogió como el vehículo para llevar la salvación al mundo. La Biblia hebrea entera es un testimonio de esto, así como el Nuevo Testamento (ver Yojanán [Juan] 4:22; y Romanos 3:2, 9:4–5). Los judíos son el pueblo de Dios en un sentido que no se aplica a ningún otro pueblo en la tierra. Debido a esto, en el Nuevo Testamento abundan lugares escabrosos, como los de la mitología griega *Sila y Caribdis*, que ofrecen un pasaje peligroso. ¿Qué otro pueblo es encarado con Gálatas 3:28 ("no hay ni judío ni griego") o con Efesios 2:11–22 ("la pared intermedia de división")? Si los cristianos de Francia pasan su cultura francesa a otros creyentes, ¿quién plantearía una cuestión doctrinal? Pero si los judíos mesiánicos se involucran en judaizar, ¡estemos alertas!

No, el pueblo judío es más que una cultura, es el pueblo de Dios. Por lo tanto, la tarea en relación con los judíos no es contextualizar el Evangelio como se hizo con los no-judíos, con su historia pagana, sino, más bien, comunicar un Evangelio que es teológicamente correcto para el pueblo judío, cuyo papel en la historia de comunicar la salvación de Dios es una parte eterna de las Santas Escrituras. *El cuarto tipo de evangelismo es necesario para evangelizar al pueblo de Dios.*

Para poner esto en otras palabras, contextualizar la forma gentil del Evangelio para los judíos es una doble desviación. Originalmente su forma judía fue contextualizada para los gentiles, ésta fue la gran contribución de Sha'ul al evangelismo. Pero entonces, cuando las primeras comunidades judías mesiánicas cayeron con los tiempos difíciles y desaparecieron, el judaísmo originalmente presente en el Evangelio también desapareció, así que un Evangelio gentil-contextualizado, privado de su base judía era el único Evangelio existente, una cama de clavos en la que el judío era forzado a acostarse. Recientemente este Evangelio ha sido reformado, contextualizado para hacerlo "parecer" más judío. Pero la doble adaptación no es lo mismo que el original. Ver la imagen de una persona reflejada en un espejo no es lo mismo que ver a la persona cara a cara.

Lo que el cuarto tipo de evangelismo requiere no es un Evangelio gentil contextualizado para los judíos, sino una restauración del judaísmo que de hecho se encuentra presente en el Evangelio pero ha sido velado. Aún más, los gentiles cristianos también necesitan los aspectos del Evangelio que van a ser traídos con la restauración de las raíces judías.

Pero a muchos creyentes les incomoda la idea de restaurar el judaísmo (las raíces judías) al Evangelio y tampoco les agrada animar a los judíos mesiánicos a expresar su identidad judía. Ellos temen que surja un elitismo con el cual los cristianos gentiles puedan sentirse como ciudadanos de segunda clase en el Reino. Esto es un verdadero peligro, y la Escritura nos previene acerca de la división entre judío y gentil en el Cuerpo del Mesías. Sin embargo, el Nuevo Testamento también nos asegura que ambos son uno en Yeshua, ambos sirviendo a un Dios en un mismo Espíritu. Por lo tanto, permitamos que todos los creyentes, judíos y gentiles, trabajen juntos evitando comparaciones envidiosas, que sólo sirven al Adversario. Permitamos que cada judío mesiánico y que cada cristiano gentil demuestren con su propia vida aquellos elementos del judaísmo que brotan de su propia conciencia espiritual y de su identidad sin sentirse condenados por expresar de más o demasiado poco. También permitamos que cada uno permanezca abierto a la guía de Dios para que este aspecto de su vida, como todos los aspectos, pueda ser conformado más y más a la imagen de Yeshua, tanto Mesías de judíos como de gentiles.

Habiendo advertido en contra del elitismo y de la división, ahora nos preguntamos lo que la restauración de las raíces judías del Evangelio verdaderamente trae consigo. Vamos ahora a enfocar nuestra atención en esta cuestión.

II RESTAURANDO LAS RAÍCES JUDÍAS DEL EVANGELIO

A. *Definición*

Restaurar las raíces judías del Evangelio significa abarcar el contenido del Evangelio en toda su plenitud tal como pertenece a los judíos y a la relación entre el pueblo judío y la Iglesia. En otras palabras, nos ofrece, en relación a estas cosas, "el consejo total de Dios", no sólo una parte.

Es importante comprender lo que los teólogos quieren decir cuando hablan de "restauración". A todos nos gustaría ver la Iglesia "restaurada" a lo que fue en el siglo primero, o algo parecido a eso. Ciertamente sería bueno restaurar el celo de los primeros creyentes, sus vidas justas, su deseo de seguir a Yeshua el Mesías sin importar el costo, estando llenos con el Espíritu Santo, su fervor en la oración, y su seguridad y experiencia de que Dios hace milagros en respuesta a la fe. ¿Pero acaso existen aspectos externos del estilo de vida de los creyentes del siglo primero que debemos restaurar? ¿O aspectos doctrinales que ellos aceptaron, pero que los creyentes posteriores ignoraron? Y si es así, ¿qué debemos hacer con ellos?

Mi punto de vista es que debemos empezar haciendo un esfuerzo para comprender el texto del Nuevo Testamento como los oyentes del siglo primero lo hubieran entendido y aplicado a las situaciones de sus vidas. Pero no creo que se espere que nosotros apliquemos el Evangelio de la misma manera, debido a que significaría restaurar el estilo de vida del siglo primero, lo cual, aunque fuese deseable, es imposible. Es imposible dar marcha atrás, más bien, debemos entender la Escritura apropiadamente y luego aplicarla a nuestra propia situación.

Los párrafos anteriores no expresan una nueva filosofía. Expresan una idea conocida que normalmente nos lleva a preguntarnos si es que el Nuevo Testamento que nos fue dado debe ser aplicado literalmente, o si deberíamos ver un principio general tras del mandato escrito. Por ejemplo, en referencia a 1 Corintios 11:2–16, ¿debe una mujer cubrir su cabeza hoy en día en la congregación? ¿O estuvo este requerimiento relacionado únicamente al estilo de vida del siglo primero, y la aplicación moderna sería vestirse modestamente tomando en cuenta el punto de vista de los patrones actuales?

No me propongo en lo más mínimo entrar en una discusión de este tipo. Más bien, deseo tocar la cuestión de *restaurar* las raíces judías del Evangelio, intento llamar la atención a los aspectos del Evangelio que fueron evidentes para los creyentes del siglo primero, pero que siglos de negligencia han escondido de nuestra vista.

B. *La Iglesia e Israel en la teología y la historia*

Empezaremos con tres entidades, Israel, el pueblo judío y la Iglesia, para preguntarnos cuál es la relación entre ellos. Debemos examinar el asunto tanto teológicamente como históricamente. La teología nos mostrará la verdadera relación, de cómo las cosas son "en los lugares celestiales", mientras que la historia nos mostrará que ha sucedido aquí en la tierra. Entonces estaremos mejor capacitados para considerar que haremos.

1. Tres teologías: la del Pacto, la de la Dispensación, y la del "Olivo"

Los teólogos cristianos usualmente han seguido uno o dos métodos al tratar con este tema. El más antiguo y mejor conocido es generalmente llamado teología de la Suplantación o teología del Pacto, aunque en estos días está apareciendo también con otros nombres. Esta teología sostiene que la Iglesia es el "Israel espiritual" o el "Nuevo Israel", habiendo suplantado al "Viejo Israel" (los judíos) como el pueblo de Dios. Recientemente se ha desarrollado dentro de los círculos protestantes la teología de la Dispensación, la cual, en su forma más extrema, sostiene que el pueblo judío tiene promesas sólo terrenales, mientras que la Iglesia tiene las promesas celestiales. No consideraremos estos puntos de vista en detalle, pero la idea final es que ambas simplifican demasiado el asunto y en su proceso llegan a manifestar conclusiones[1] antisemitas.[2]

El siguiente análisis nos mostrará que la separación entre la Iglesia y el pueblo judío, como se ha desarrollado en los últimos 2000 años, se encuentra totalmente fuera de la voluntad de Dios. Ha sido un terrible error, el peor cisma en la historia del planeta. Después veremos que nuestro deber es rectificar ese error para sumergirnos de lleno en lo que el judaísmo llama *tikkún-ha'olam*, literalmente, "componer el mundo", repararlo. De acuerdo con la tradición judía, tal actividad apresura la venida del Mesías; y esto corresponde a lo que Kefa [Pedro] anima a los creyentes en Yeshua a hacer, a saber, apresurar la venida del Día del Señor.[3] Yo nombro a esta posición "teología del Olivo", así como en la alegoría de Sha'ul [Pablo] en Romanos 11:16–26, en su mensaje presentado a los cristianos gentiles (mi traducción, del *Jewish New Testament*):[4]

> Ahora si la *jalá*[5] ofrecida como primeros frutos es santa, así también lo es el resto de la porción. Y si la raíz es santa, también lo son las ramas. Pero si algunas de las ramas fueron desgajadas, tú olivo silvestre que fuiste injertado

---

1 Véase en la Introducción, nota 1.

2 Para un análisis judío mesiánico de estos dos puntos de vista teológicos, léase *Jewish Roots*, por Dan Juster, Rockville, MD, Davar Publishing Co., 1986, pp. 43–45.

3 2 Kefa [2 Pedro] 3:12.

4 David H. Stern, traductor, *Jewish New Testament*, Clarksville, MD, Jewish New Testament Publications, Inc., 1989.

5 Véase este término en el Glosario.

entre ellas y has llegado a ser copartícipe en las ricas raíces del olivo, ¡no alardees como si tú fueras mejor que las ramas! Sin embargo, si alardeas, recuerda que tú no estás sosteniendo a la raíz, sino que la raíz te sostiene a ti. Así que dirás, "ramas fueron desgajadas para que yo fuera injertado". Verdad, ¿pero y qué? Ellas fueron desgajadas por su falta de fe. Sin embargo, tú mantienes tu lugar por tu fe. Así que no seas arrogante; al contrario, ¡ten temor! Puesto que si Dios no pasó por alto a las ramas naturales, ¡de cierto no va a pasarte por alto a ti!

Así que demos un serio vistazo a la bondad y la severidad de Dios: por un lado, severidad hacia los que son desgajados; pero por otro lado, está la bondad de Dios hacia ti, ¡siempre y cuando tú te mantengas en esa bondad! ¡De otra manera, tú también vas a ser desgajado! Además, los otros, si no persisten en su falta de fe, van a ser injertados; puesto que Dios puede injertarlos otra vez. Porque si tú fuiste desgajado de lo que por naturaleza es el olivo silvestre e injertado, contrario a la naturaleza, a un olivo cultivado, ¡cuánto más estas ramas naturales van a ser reinjertadas en su propio olivo!

Porque, hermanos, deseo que comprendan esta verdad que Dios anteriormente había velado pero que ahora ha revelado, para que no piensen que saben más de lo que realmente saben. Es la dureza, que en cierto grado, ha venido sobre Israel, hasta que el mundo gentil entre en su plenitud; y de esta manera todo Israel será salvo.

2. La Iglesia e Israel en la historia: período inicial

En las páginas 20–21 la figura 1 nos muestra el "árbol de olivo cultivado" al irse desarrollando a través de la historia; la figura 2 ilustra el corte transversal en ese olivo, mostrando la relación entre el pueblo judío y la Iglesia en varios puntos en el tiempo.

El olivo que Dios cultivó es Israel. Su raíz es los Patriarcas—Avraham, Yitzjak y Ya'akov [Abraham, Isaac y Jacob].[6] De esta raíz creció el pueblo judío. Mientras tanto, los gentiles fueron un olivo silvestre en el cual Dios, el Labrador, no había puesto la misma clase de atención especial. Sha'ul escribe que ellos "los que una vez estaban sin Cristo, alejados de la ciudadanía de Israel, y ajenos a los pactos de la promesa, sin esperanza y sin Dios en el mundo".[7] La figura 2 ilustra esta situación que prevaleció hasta el tiempo del ministerio de Yeshua (25 e.c.).

Cuando vino Yeshua, él estaba en el centro del árbol, en el centro del pueblo judío, el judío ideal y hombre ejemplar. Él reunió a discípulos judíos a su alrededor. Él murió, resucitó de entre los muertos, y ascendió al cielo. La comunidad judío-mesiánica creció de ciento veinte (Hechos 1:15), a tres mil (Hechos 2:41), a cinco mil (Hechos 4:4), " y su número continuó multiplicándose" (Hechos 9:31). Véase la figura 2B (35 e.c.).

Los judíos no mesiánicos reaccionaron en contra de los judíos mesiánicos alejándolos del centro (Hechos 4–9, 12). Mientras tanto, el mensaje se esparció a los gentiles: Cornelio (Hechos 10), Antioquía (Hechos 11); véase figura 2C (50 e.c.).

Aunque en Jerusalén mismo los judíos mesiánicos llegaron a ser "cientos de miles,.... todos celosos de la *Torá*",[8] los viajes de Sha'ul (Hechos 13–28) y otras campañas misioneras pronto hicieron que los gentiles llegasen a ser la mayoría en la Iglesia. Sin embargo, los creyentes judíos eran todavía aceptados por el pueblo judío como parte de la comunidad judía (figura 2D, 70 e.c.).

---

6 " Mientras que algunos toman la palabra e riza [griego para "raíz"] para referrirse a Cristo, y algunos la toman para referirse a los judíos cristianos, existe un acuerdo muy extendido entre los comentadores que debe referirse a los patriarcas". (C. E. B.Cranfield, *Romans (International Critical Commentary)*, Edinburgh, T & T. Clark, Ltd., 1981, volume 2, p.565). Compárese con el olivo y su raíz de orígen judío del siglo primero, a.e.c. el *Book of Enoch* 93:5: " y su posteridad [sc. de Abraham] va a convertirse en el árbol de justicia para siempre".

7 Efesios 2:12.

8 Hechos 21:20.

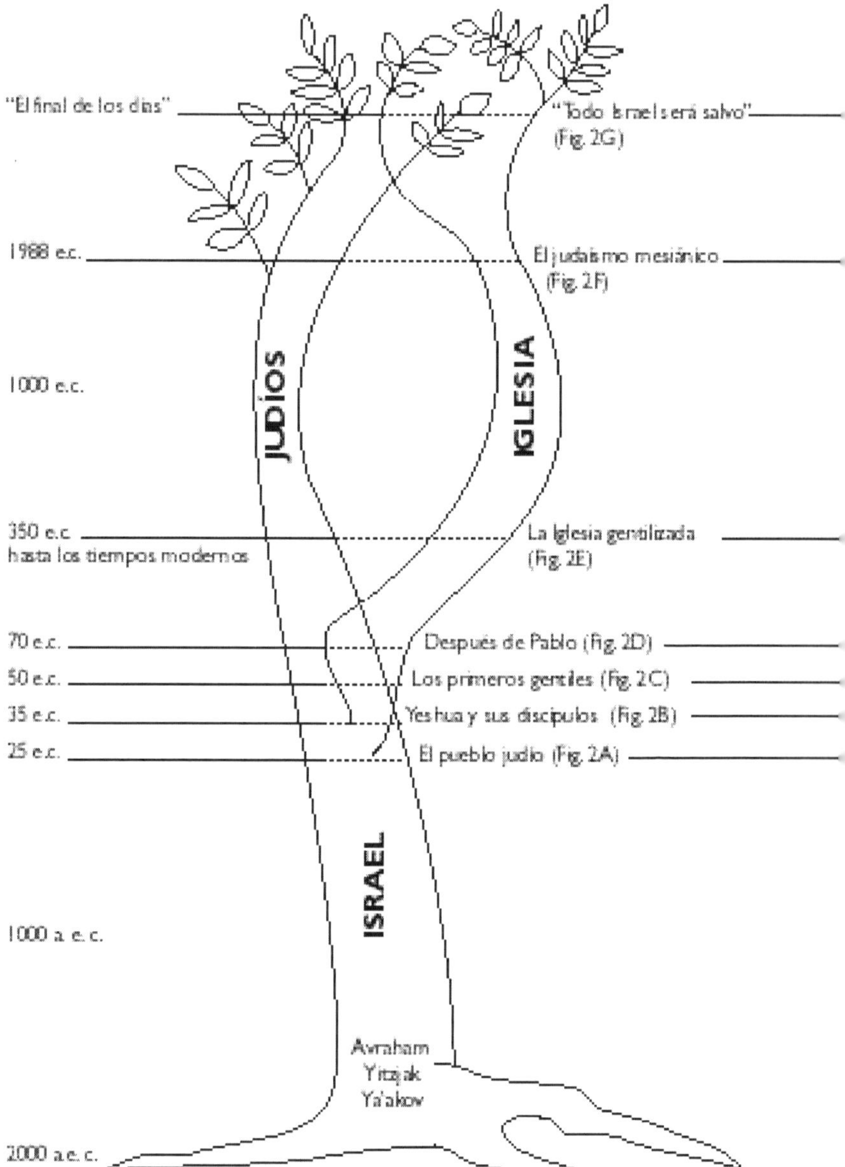

FIGURA 1
El olivo cultivado:
la Iglesia y el pueblo judío
a través de la historia

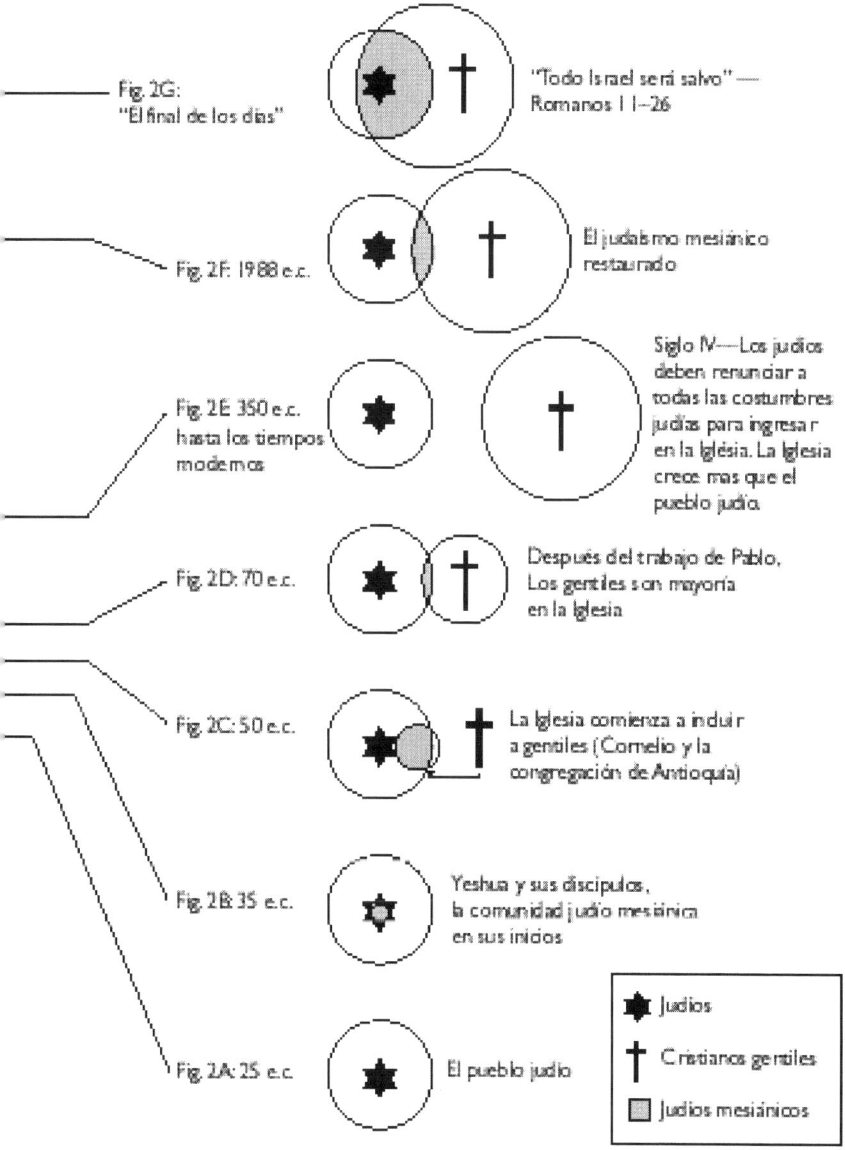

FIGURA 2
Corte transversal en el olivo:
la Iglesia y el pueblo judío,
puntos específicos en la historia

Sin embargo, para cuando Sha'ul escribió la carta a los Romanos (alrededor de 57 e.c.), estaba claro que la mayoría de los judíos estaban rechazando a Yeshua como Mesías. Sha'ul les llamó ramas del olivo cultivado que habían sido desgajadas. Sin embargo, él advirtió a los creyentes gentiles que no debían tener orgullo desmedido por haber sido injertados en el olivo o pensar que ellos eran mejores que las ramas desgajadas, puesto que mantenían su posición únicamente por fe; y sin ella ellos mismos serían desgajados. A la inversa, las ramas desgajadas (judíos no mesiánicos) podrían ser reinjertadas nuevamente por fe; y desde un punto de vista agrícola, este injerto tiene más posibilidades de "prender" con las propias ramas del árbol que con ajenas, y uno espera que el fruto de las ramas cultivadas sea mejor que el de las silvestres (sin embargo, Dios no está limitado por las expectativas humanas). Lo que es importante para Sha'ul es que estas ramas naturales de hecho van a ser injertadas otra vez "cuando el mundo gentil entre en su plenitud".

Con el paso del tiempo, la situación para los judíos creyentes experimentó un cambio significativo. Al ponerse las cosas difíciles en la primera revuelta judía contra Roma, los judíos mesiánicos se acordaron de la profesía de Yeshua, "pero cuando viéreis a Jerusalén rodeada de ejércitos, sabed entonces que está a punto de ser destruida. Entonces los que estén en Judea, deben huir a los montes; y los que en medio de la ciudad, deben salir; y los que estén en los campos, no entren en ella".[9]

Ellos huyeron a la ciudad de Pella, escapando de esta manera la destrucción del Templo (70 e.c.) y la masacre Romana de casi un millón de judíos (de acuerdo con Josephus; menos en otras estimaciones). Por este detalle los zelotes quienes guiaban la rebelión tacharon a los judíos mesiánicas de traidores.

Durante la segunda rebelión contra Roma (132–135 e.c.), los judíos creyentes consintieron en rebelarse inicialmente; pero cuando Rabi Akiva declaró al líder militar judío Shim'on Bar-Kochva como

[9] Lucas 21:20–21.

Mesías, ya no pudieron cooperar, puesto que ellos sabían que el Mesías verdadero era Yeshua y no podían rendir homenaje a ningún otro. Esto también se tomó como traición, y el resto de la comunidad judía se llenó de rencor contra ellos.

Como añadidura a la tensión política, también había tensión religiosa, como podemos ver por el agregado a la liturgia de la sinagoga del *Birkat-HaMinim* (la Bendición contra los "sectarios", de quienes generalmente se entendía que eran los creyentes judíos) alrededor del año 90 e.c. A consecuencia de estas cosas, los creyentes en Yeshua vinieron a estar cada vez más excluidos de la comunidad judía.

Además, por el lado de los cristianos gentiles, la ortodoxia de la fe de los judíos creyentes vino a ser más y más detalladamente examinada, si ellos mantenían sus costumbres y lealtades al judaísmo. En el "Dialogue with Trypho, A Jew", por Justin Martyr, un gentil cristiano (cerca de 160 e.c.), podemos ver una tolerancia limitada hacia los judíos mesiánicos que retenían sus costumbres como judíos.[10]

Pero después de que el cristianismo se convirtió en la religión estatal de Roma a principios del siglo cuarto, muchos gentiles no

[10] Justin Martyr, "Dialogue With Trypho, A Jew", *The Ante-Nicene Fathers*, Michigan, Wm. B. Eedermans Publishing Company, 1975, Volumen I, pp. 194–270. La siguiente selección es de la sección xlvii (página 218):

> Si algunos, por simpleza, desean observar tales instituciones como fueron dadas por Moisés, de las cuales esperan alguna virtud, pero que nosotros creemos fueron señaladas por razón de la dureza de los corazones del pueblo, junto con su esperanza en este Cristo, y [desean lograr] los hechos eternos y naturales de justicia y piedad, pero escogen vivir con los cristianos y los fieles, como mencioné antes, sin inducirlos a que se circunciden o guarden el Sabat o las otras tales ceremonias, entonces sostengo que debemos unirnos a ellos, y asociarnos con ellos en todas las cosas como hermanos y familiares.

Él añade que él no aprueba a los judaizantes pero cree que los creyentes gentiles Judaizados van a ser salvos. Sin embargo, aquellos "quienes han retornado por alguna causa a la dispensación legal, y han negado que este hombre es Cristo, y no se han arrepentido antes de morir, de ninguna forma van a ser salvos".

salvos ingresaron a la institución de la Iglesia. Esta vino a ser mucho más grande que toda la población judía del mundo, y se convirtió en totalmente gentil, y consideró a los judíos como un competidor derrotado, con muy poco entendimiento para los judíos creyentes que deseaban retener su judaísmo. Se hizo imposible para una persona expresar públicamente tanto su judaísmo como su identidad mesiánica. Un judío que quería aceptar al Mesías judío tenía que abandonar a su pueblo y traspasarse a la Iglesia (figura 2E, 350 e.c.) Los judíos que venían a la fe en Yeshua necesitaban separarse totalmente del judaísmo, de la cultura judía y del pueblo judío, como vimos en la declaración que ellos tenían que ratificar (véase página 8).

Esa cruda confesión es representativa—se reconoce que en la forma extrema que se adaptó al fanatismo de los siglos cuarto y quinto—de las actitudes que han persistido en la Iglesia por cientos de años. La Inquisición Española puso en escrutinio a los católicos de origen judío para ver si ellos retenían las costumbres judías. Debido a esta aversión de los gentiles por todo lo que es judío, surgió la persecusión cristiana en contra de los judíos: las Cruzadas, la Inquisición, los Pogrones rusos, la Alemania Nazi (sí, hubo un involucramiento por parte de los cristianos tanto para mal como para bien). La persecusión cristiana contra los judíos, con todo el dolor y horripilancia que los judíos no pueden olvidar, no se le va a permitir olvidar a la Iglesia hasta que todos los cristianos (no sólo algunos) aprendan la lección.

Hasta hace muy poco, el pueblo judío y la Iglesia han permanecido separados, sin cabida para el judaísmo mesiánico, puesto que ambas mayorías, la de los judíos (gente no salva cuya experiencia con la Iglesia ha sido mayormente negativa) y la de los cristianos (gentiles que malentendieron la relación de su propia fe con el pueblo judío) así lo han deseado.

3. Teología del Olivo

Dejando por un momento el desarrollo histórico de esta trágica división del olivo cultivado en lo que parece ser dos pueblos de

Dios supuestamente separados uno del otro, examinemos la metáfora tan extendida del olivo con el deseo de comprender su implicación en la teología. Sólo existe un olivo cultivado, y esto significa que existe un solo Israel, no dos. Las ramas silvestres (los gentiles) han sido injertadas a través de la fe en el Mesías, "acercados por la sangre de Cristo",[11] para que ahora estén incluidos en la ciudadanía de Israel. Pero ellos no son, como la teología de la Suplantación sostiene, un "Nuevo Israel". Ni tampoco constituyen los creyentes juntos, tanto judíos como gentiles, un "Nuevo Israel", puesto que las ramas desgajadas también todavía tienen su identidad con Israel, aunque no tienen la savia vivificadora del árbol fluyendo en ellos. Dios está milagrosamente preservándolos, para que en lugar de secarse, como sucedería normalmente con las ramas desgajadas, puedan ser reinjertadas por fe. Por lo tanto, los judíos no salvos (ramas desgajadas naturales), y los judíos salvos (ramas naturales apegadas al árbol), y los creyentes gentiles (ramas silvestres injertadas) cada uno tiene su propia participación en el desarrollo de un solo Israel; y este hecho necesita ser tomado en consideración en cualquier teología correcta de Israel y la Iglesia.

Ninguna palabra se menciona en el pasaje del "olivo" o en ninguna otra parte de las Escrituras acerca de una división o ruptura de las promesas convirtiéndolas en sólo terrenales para los judíos y en celestiales para la Iglesia. Sin embargo, Dios ha hecho dos clases de promesas. Con respecto a las promesas que se relacionan a la salvación individual, no hay judío ni griego (Gál.3:28), no hay distinción entre ellos (Rom. 10:12), ni tampoco la pared intermedia de separación (Efe. 2:14–19). Por otra parte, todavía existen las promesas que restan cumplirse para la nación de Israel, el pueblo judío, en las que las naciones gentiles corporativamente y los creyentes gentiles en lo individual no tienen una parte directa—aunque es valioso notar que también existen promesas para ciertas naciones gentiles (como por ejemplo, Isaías 19:24–25 asegura que Dios va a bendecir a Egipto y Asiria junto con Israel; para que los

[11] Efesios 2:13.

creyentes gentiles quienes son una parte de esas naciones experimenten estas bendiciones).

La presente situación con la ciudadanía de Israel es que los gentiles de muchas naciones reconocen a su Mesías judío, sin embargo, la mayoría en la nación de Israel no le reconocen. Supongamos que ciudadanos de Canadá, India, Nigeria, Australia y otros miembros de la Comunidad Británica de Naciones reconocieran a la Reina Elizabeth II como su reina, pero la mayoría de los ingleses junto con el gobierno británico no la reconocieran. En esta circunstancia sería equivocado decir que Gran Bretaña ya no es un miembro de la comunidad, cuando de hecho todavía sería un miembro entre iguales. También sería incorrecto estar de acuerdo con los ingleses que dicen que Elizabeth no es reina. Más bien, uno sólo podría tratar de convencerlos, tanto a los ingleses como a su gobierno establecido, a honrar a Elizabeth II, quien de hecho es reina.[12]

4. La Iglesia e Israel en la historia: epoca moderna

En el futuro, "todo Israel será salvo". En el *Tanaj*, esto es decir, en el pensamiento hebreo, la palabra *kol* ("todo") en referencia a una colectividad no significa cada individuo que la compone, sino más bien la parte principal, la parte esencial, la considerable mayoría. Por lo tanto, creo que cuando nos referimos a que "todo Israel" va a ser salvo, no quiere decir que cada judío va a creer en Yeshua, pero que la nación judía va a ser en su mayoría creyente, o una entidad de creyentes. Para usar la metáfora de Moisés, los judíos mesiánicos van a ser "puestos por cabeza y no por cola".[13] (Véase figura 2G).

Creo que la reaparición de la comunidad judío-mesiánica en la actualidad es una fase significativa en el proceso de Dios para la salvación de todo Israel. Si la figura 2G es la meta final y la figura 2E nos muestra la situación como verdaderamente existió hasta tiempos recientes, entonces la figura 2D no sólo nos muestra un

[12] Me siento endeudado con Daniel Juster, en su libro *Growing to Maturity*, Gaithersburg, MD, Union of Messianic Jewish Congregations, 1982, pp. 253–254, por esta analogía.

[13] Deuteronomio 28:13

escenario histórico antiguo, sino que puede parecerse a nuestro presente y a nuestro futuro inmediato, representado por la figura 2F, que muestra que estamos empezando a recobrar nuestro pasado. Ha vuelto a ser posible para un creyente judío en Yeshua identificarse a sí mismo tanto con los judíos como con los mesiánicos, y expresar esta identidad en una forma reconocida por la sociedad. Esto es histórico debido al gran auge de libertad en la vida occidental tanto política y económica como social, durante los últimos trescientos años, un fenómeno que seguramente demuestra el amor de Dios por la humanidad. Previamente una diminuta minoría no podría haber esperado efectuar cambios fundamentales en dos entidades sociales grandemente opuestas reclamando ser parte de ambas. Hoy en día nuestra libertad para intentar esta tarea exageradamente improbable (improbable en los patrones del mundo pero no en los de Dios) está protegida en la democracia pluralista de los países. Al aumentar la libertad política, ya desde 1718 John Toland en su libro *Nazarenus*[14] pudo sugerir que "los cristianos....de entre los judíos" deberían observar la *Torá*. Al crecer la libertad económica, el movimiento hebreo-cristiano pudo avanzar con pocos impedimentos en el siglo diecinueve en Inglaterra. Y con el crecimiento de la libertad social, junto con el avance en las comunicaciones, es posible para nosotros, hoy en día, que nos atrevamos a esperar que el judaísmo mesiánico vaya a tener éxito en alcanzar su meta de sanar la ruptura entre la Iglesia y el pueblo judío.

Es la tarea de los judíos mesiánicos y de los gentiles cristianos que simpatizan con la causa, de encargarse de *tikkún-ha'olam*, a lo que nos referimos con anterioridad. Estos son los que, por su común fe en el Mesías judío, Yeshua, pueden trabajar juntos para deshacer el daño causado por la división del pueblo judío y de la Iglesia en lo que es aparentemente dos pueblos separados uno del otro. El

[14] John Toland, *Nazarenus*, 1718; mencionado tanto en David Rausch, *Messianic Judaism: Its History, Theology and Polity*, New York and Toronto, The Edwin Mellen Press, 1982, pp. 51–54 y Hugh Schonfield, *The History of Jewish Christianity*, London, Duckworth, 1936, pp. 205–208.

pueblo judío tiene que ser guiado al entendimiento, con libre voluntad, no por coerción o por decepción, de que las antiguas metas de los intentos judíos serán cumplidas únicamente cuando el pueblo judío venga al entendimiento y a la fe en Yeshua, el Mesías judío. La Iglesia debe ser llevada al entendimiento, con libertad y de voluntad propia, no por coerción o por decepción, de que sus metas van a ser cumplidas únicamente cuando cualquier forma de antisemitismo, ya sea encubierta o cubierta o de altivez, desaparezca, y una unión íntima con el pueblo judío sea reconocida.

¿Puede haber una meta más sublime? Vivimos tiempos muy emocionantes, al ver el momento histórico que rápidamente se acerca al cumplimiento de la profesía de Sha'ul de que todo Israel será salvo. Al estar trabajando hacia el cumplimiento de ese fin, es esencial para nosotros que estemos armados con el entendimiento apropiado de la relación entre Israel y la Iglesia.

C. El Evangelio es tanto corporativo como individual

Existen aspectos del Evangelio que son corporativos, no sólo relacionados con individuos. Los cristianos que comprenden el hecho de que es correcto predicar el Evangelio a los judíos, a menudo ofrecen un Evangelio que es inapropiado debido a que está orientado únicamente hacia el individuo y no trata con el pueblo judío como entidad corporativa. En mi punto de vista, un Evangelio que es sólo individual es inapropiado no sólo para los judíos, sino también para los gentiles.

¿Qué es el Evangelio para el individuo? La declaración más completa en el Nuevo Testamento, como sugerimos en la introducción, se encuentra en la epístola de Sha'ul a los Romanos, en los capítulos 1 al 8, aunque cada parte esencial puede ser encontrada en el *Tanaj*. Los capítulos 1 al 3 nos relatan que todos hemos pecado y hemos fallado en obedecer a Dios adecuadamente (1 Reyes 8:46, Eclesiastés 7:20), que este pecado erige una pared entre nosotros y Dios (Isaías 59:1–2), que la paga del pecado es la muerte (Génesis 2:17), y que nadie puede restaurar la relación con Dios por sus propios esfuerzos (Salmo 143:2, Isaías 64:5–6), sino que Dios, por su parte, en un acto propio y soberano ofreciendo a Yeshua, el Mesías, como un sacrificio de expiación por el pecado, ha tendido un puente sobre el vacío y restauró la comunión entre Dios y el individuo (Isaías 52:13, 53:12). Los capítulos 4 al 6 explican que lo que una persona debe hacer para restaurar su relación individual con Dios es poner su confianza en Dios, aceptando personalmente lo que Dios ha hecho por la persona a través de Yeshua (Génesis 15:6). Los capítulos 7 y 8 añaden que tal confianza que proviene del corazón, la cual el Nuevo Testamento aclara que no es meramente una afirmación intelectual de ciertos hechos (Ya'akov [Santiago] 2:14–26), le guiará tanto en su voluntad como en su capacidad por el poder del Espíritu Santo en hacer las obras que son agradables a Dios.

En los Estados Unidos de Norteamérica, donde por más de dos siglos el derecho del individuo a buscar su propia felicidad virtualmente ha sido considerado como una ley de la naturaleza (lo que la Declaración de Independencia llamó un "derecho inalienable"), el Evangelio para el individuo se presenta de manera conveniente en pequeños folletos que contienen cuatro o cinco "leyes espirituales"; y es posible suponer que eso es todo lo que hay en el evangelio. Pero la salvación es corporativa, tanto para la comunidad como para el individuo. Cualquier estudio de la palabra *yeshu'ah* ("salvación, liberación") en la Biblia hebrea nos mostrará que la liberación nunca se piensa como algo únicamente individual, aunque la salvación individual definitivamente es una parte del mensaje del Antiguo Testamento.[15] Sin embargo, la salvación para el individuo judío, aparte de la preocupación por la liberación del pueblo judío como una entidad total, simplemente no se encuentra en el *Tanaj*. Al contrario, mucha de la discusión sobre salvación se encuentra enfocada en la integridad y en la santidad del pueblo judío como una entidad total, atestigua esto, por ejemplo, la

[15] Véase el Salmo 51:12 (51:14 en algunas versiones).

frecuente explicación en Deuteronomio de la pena capital o excomunión, "para que el pecado sea erradicado de entre ustedes".[16]

Puesto que la mayor parte del pueblo judío, después de 4000 años de historia comunitaria, tiene un fuerte sentido de pertenencia,[17] un Evangelio individual les parece egoísta e inadecuado, puesto que no toca directamente las aspiraciones nacionales y universales. Como promedio, los judíos viven de una forma más corporativa que la mayoría de los individualistas occidentales, y esto lo digo para vergüenza de la Iglesia, que en el Nuevo Testamento proclama ser "un solo cuerpo". De hecho, la Iglesia puede y debe aprender del pueblo judío lo que significa el cuidado del uno por el otro.

Para poner esta idea de otra forma, mi unión individual con Dios es directa, pero no está aislada, se encuentra entrelazada a la de ustedes. Un Evangelio que ignora que las vidas se encuentran entrelazadas unas con otras en "naciones, razas, pueblos y lenguas"[18] es escapista y demasiado simple. "Ningún hombre se encuentra aislado, completo en sí mismo". La religión de las Escrituras no es practicada en la posición yoga de lotus. Un Evangelio demasiado

---

[16] En este contexto también nótese la historia de Acán en Josué capítulo 7.

[17] Por ejemplo, Mordechai M. Kaplan, *The Greater Judaism In The Making*, New York, The Reconstructionist Press, 1960, especialmente véase las referencias en las páginas bajo "Jewish people-hood" en el index. A continuación vemos un ejemplo, de las páginas 30–31:

> El pueblo judío parece haber logrado una conciencia étnica más intensa y permanente que cualquier otro pueblo antiguo...la completa educación del niño judío estaba confinada a escritos que trataban con el pueblo judío. El propósito primordial de esa educación era el de cultivar en él una lealtad y devoción a Israel y al Dios de Israel, y de enseñarle los hechos que él debía conocer y los deberes que tenía que llevar a cabo como miembro del pueblo judío....[La comunión con Dios en la adoración] no era una relación en términos de Yo-Tu, sino de Nosotros-Tú, "nosotros" se refiere al pueblo judío, el cual fue escogido por Dios para que le diera a conocer en todo el mundo.

[18] Apocalipsis 7:9.

introspectivo y directo no sólo va a fallar en atraer a personas que se encuentran a gusto con lo bueno de la sociedad, y muchos judíos son parte de este grupo, sino que falla también en representar la totalidad de las preocupaciones de Dios.

Para los gentiles, quienes tienen que ser salvos sin importar su cultura y sus antecedentes religiosos, uno podría discutir que el aspecto individual es la clave. Esta es la razón por la cual Sha'ul, el Emisario a los gentiles,[19] lo enfatizó tanto. De igual manera, los aspectos individuales del Evangelio no pueden hablar adecuadamente a los corazones de los judíos asimilados o con problemas cuyo involucramiento con la comunidad judía no es bueno. Pero los judíos que se sienten parte de su pueblo (y no una minoría de gentiles socialmente orientados), también necesitan escuchar los aspectos corporativos del Evangelio, o pueden sentir que este no es suficientemente profundo por lo que no llegan a ser salvos.

Además, aun personas cuyo interés está en su bienestar personal necesitan escuchar los aspectos corporativos del Evangelio. De hecho, ellos lo necesitan aún más, puesto que un aspecto principal de la salvación para ellos puede involucrar el alejarse de un estilo de vida egoísta y egocéntrico para adoptar el punto de vista de Dios con respecto a la vida, el cual está orientado hacia otros.[20] De esta forma un Evangelio que carece de un enfoque en los elementos corporativos de la sociedad no puede ser "todo el consejo de Dios"[21] para todos.

D. Yeshua se identifica con el pueblo de Israel

Una manera interesante de reflexionar sobre el Evangelio que es simultáneamente individual y corporativo es considerar las formas en las cuales el Mesías Yeshua se encuentra a favor y se identifica íntimamente con el pueblo de Israel. Al igual que el individuo que pone su fe en Yeshua es unido a Él y es "sumergido" (bautizado) en todo lo que Yeshua es, incluyendo su muerte y resurrección, para que su naturaleza pecaminosa sea estimada como muerta, y su nueva

[19] Romanos 11:14.

[20] Levítico 19:18, Filipenses 2:1–11.

[21] Hechos 20:27

naturaleza, llena del poder del Espíritu Santo, estimada como viva. Así como el individuo mantiene una íntima identificación con el Mesías, el Mesías en forma similar se identifica con Israel y lo incorpora como nación.

En el Nuevo Testamento uno puede encontrar este conocimiento primeramente en Mattiyahu [Mateo] 2:15, donde se nos dice que Yeshua fue llevado a Egipto: "Esto sucedió para que se cumpliese lo que dijo *Adonai* por medio del profeta: 'De Egipto llamé a mi Hijo,'" Este versículo es mencionado en Oseas 11:1. Sin embargo, en el contexto el profeta Oseas claramente no estaba hablando acerca de un futuro Mesías sino acerca de la nación de Israel y del Éxodo.

Algunos acusan a Mattiyahu de un mal uso de las Escrituras aquí, tomando aventuradamente un versículo fuera de contexto y aplicándolo a Yeshua. ¿Es culpable? Para contestar, deberíamos tomar nota de las cuatro clases de interpretación escritural que los rabinos usaban:

* *P'shat* ("simple")—lo no complicado, simple sentido del texto, lo que los modernos intérpretes llaman exégesis gramático-histórica.
* *Rémez* ("clave")—donde rasgos peculiares del texto son vistos como claves de una verdad más profunda que la que puede verse a simple vista.
* *Drash o midrash* ("búsqueda")—se usa creatividad para buscar el texto en relación al resto de la Biblia, otra literatura o la vida para desarrollar una alegoría o aplicación homilética del texto. Esto involucra la eiségesis (leer nuestros propios pensamientos en el texto) tanto como la exégesis, lo que es extraer el significado actual del texto.
* *Sod* ("secreto")—operando en los valores numéricos de las letras judías; por ejemplo, dos palabras cuyas letras al sumarse a la misma cantidad serían buenas candidatas para revelar un secreto a través de la "biasociación de ideas".[22]

---

[22] Este término fue inventado por Arthur Koestler, judío cosmopolita, político, filósofo y novelista, en su libro *The Act of Creation* (1964).

La acusación de que Mattiyahu está mal usando las Escrituras sólo puede ser si él está tratando con *p'shat*. Puesto que como hemos dicho, el *p'shat* de Oseas 11:1 se aplica a la nación de Israel y no a Yeshua.

¿Pero quizá Mattiyahu esté haciendo un *midrash*, leyendo al Mesías en el versículo que trata con Israel? Muchos rabinos usaban este mismo punto de vista; sus lectores no hubieran objetado.

Sin embargo, yo creo que Mattiyahu no está usando ninguno de los anteriores, sino que está usando *rémez*, una clave de una verdad muy profunda. Israel es llamado el hijo de Dios desde Éxodo 4:22. El Mesías es presentado como hijo de Dios algunos versículos antes en Mattiyahu 1:18–25, reflejando pasajes del *Tanaj*, tales como Isaías 9:6–7, Salmo 2:7 y Proverbios 30:4. De esta manera el Hijo se iguala al hijo; el Mesías es igualado con la nación de Israel. Esto es lo que Mattiyahu nos proporciona como clave al llamar la huida de Yeshua a Egipto como "cumplimiento" de Oseas 11:1.

La idea de que uno es para todos puede ser encontrada por toda la Biblia, a veces para bendición y otras para gran aflicción; en la historia del pecado de Acán (Josué 7), en la relación entre Israel y su rey (en muchos lugares en el *Tanaj* por ejemplo, en 1 Reyes 9:3–9), en Romanos 5:12–21, y en 1 Corintios 15:45–49, y en el debate sobre los "pasajes del siervo" como en Isaías (42:1–9, 49:1–13, 50:4–11 y 52:11–53:12). De hecho, la controversia sobre que si Isaías 53 se refiere a Israel o al entonces todavía no nacido Mesías no es válida cuando recordamos que el Mesías de Israel incorpora a su pueblo. De igual manera, consideremos estas frases en Isaías 49:1–6:

> *Adonai* ...me dijo, "Mi siervo eres, oh Israel, porque en ti me glorificaré",...y ahora *Adonai* dice,..."Poco es para mí que tú seas mi siervo para levantar las tribus de Jacob, y para que restaures el remanente de Israel; también te di por luz a las naciones para que seas mi salvación hasta lo postrero de la tierra".

¿Es que acaso Israel puede restaurar al remanente de Israel? ¿Quién es la "luz a las naciones?" El judaísmo comprende esto como una meta a ser cumplida por el pueblo judío, los cristianos piensan inmediatamente en Yojanán [Juan] 8:12, donde Yeshua dijo de él mismo: "Yo soy la luz del mundo". Deseo sugerir que el pueblo judío va a ser la luz que debemos ser para las naciones cuando tengamos en nosotros al que es la luz del mundo.

Este concepto, de que el Mesías incorpora al pueblo judío, no debería parecernos extraño a los creyentes, quienes aprendemos precisamente esto acerca de Yeshua y la Iglesia. ¿Qué más significa referirse a la Iglesia como cuerpo del cual el Mesías es la cabeza? ¿O sobre el templo del cual él es la piedra angular? El concepto de uno para todos es muy conocido. Sin embargo, la Iglesia no ha comprendido claramente que el Santo de Israel, Yeshua, no sólo se encuentra unido a la Iglesia, pero también lo está al pueblo judío. Cuando los cristianos hayan digerido en su totalidad este concepto y puedan comunicarlo a los judíos que por medio de Yeshua, el Mesías, por virtud de su identificación con Israel, el pueblo judío va a cumplir su destino, entonces el pueblo judío habrá sido presentado con un Evangelio menos ajeno y más atractivo. Y la Iglesia habrá sido más fiel.

"¿La verdad, la completa verdad y nada más que la verdad?" Yeshua dijo: "Yo soy...la verdad". Pero él se identifica con Israel. Un creyente en el Evangelio adquiere la verdad identificándose con Yeshua. Pero al ser así, él también, ya sea gentil o judío, debe identificarse con el pueblo judío, con quién Yeshua se identifica. De otra manera, no se ha identificado con Yeshua. ¡Esa es la verdad! "Ustedes conocerán la verdad" (Yeshua, quien se identifica con el pueblo judío), "y la verdad os libertará".[23]

E. *Dios va a cumplir sus promesas al pueblo judío*

Un elemento corporativo de importancia en las Buenas Nuevas es la garantía de que Dios va a cumplir sus promesas al pueblo judío como pueblo. Estas promesas aparecen en el *Tanaj* una y otra vez;

[23] Yojanán (Juan) 8:32.

dos de las más importantes son que el pueblo judío va a retornar del Exilio para poseer y habitar Éretz-Yisrael [La Tierra de Israel], y que el Reino va a volver a establecerse con el Hijo de David en el trono.

1. El Nuevo Testamento lo comprueba

Muchos cristianos no están conscientes de que el Nuevo Testamento afirma el futuro cumplimiento de las promesas de Dios para la nación de Israel. Vamos a examinar dos textos para demostrar esto.

El primero es Mattiyahu [Mateo] 23:37–39. Después de impacientarse con un grupo particular de maestros de la *Torá* ["escribas"] y con los *P'rushim* ["fariseos"] los cuales teniendo un corazón endurecido se habían puesto en contra de la verdad espiritual, Yeshua exclamó:

> ¡Jerusalén! ¡Jerusalén! ¡Tú matas a los profetas y apedreas a los que te son enviados! ¡Cuántas veces quise juntar a tus hijos, como la gallina junta a sus polluelos debajo de las alas y no quisiste! He aquí que vuestra casa os es dejada desierta. [Jeremías 22:5] Porque os digo que desde ahora no me veréis, hasta que digáis: Bendito el que viene en el nombre de *Adonai*. [Salmo 118:26]

Sin importar el hecho de que el Mesías esté nombrando a "¡Jerusalén!" "¡Jerusalén!" refiriéndose a todo el pueblo judío o únicamente al establecimiento de judíos centrados en la Ciudad Santa, es obvio que él está hablando no sólo a individuos sino a toda la nación, prometiendo que una salvación nacional vendrá a Israel cuando ella diga, como nación: "Bendito el que viene en el nombre de el Señor".

Otro pasaje clave afirmando que Dios va a cumplir sus promesas a Israel como nación es Romanos 9–11. Esta sección del libro de Romanos no es, como extremistas de la doctrina dispensacionalista demandan, un "paréntesis" no relacionado con lo que Sha'ul escribe antes y después. Más bien, esto contesta una cuestión clave presentada en los últimos versículos del capítulo 8, donde Sha'ul promete a los creyentes en Yeshua, que han sido escogidos, que van a ser glorificados (v.30), y que nada puede detener esto (vv.31–39). La pregunta natural del lector del siglo primero a la seguridad de que Dios va a guardar sus promesas para cualquiera que tenga fe debe haber sido: "¿Qué sucede con Israel? Yo no veo que Dios esté guardando sus promesas para ellos. El Mesías vino y se fue, y el pueblo judío no lo está siguiendo. ¿Qué pasa con Israel?" La respuesta se encuentra en Romanos 9–11 y es que Dios de hecho va a guardar sus promesas para Israel; en su propia forma y en su propio tiempo, para que en el final, "todo Israel", esto es, Israel como una entidad nacional, "sea salvo".

De esta manera vemos que el futuro de la nación de Israel de hecho es mencionado en el Nuevo Testamento; más que esto, estos dos pasajes de ninguna manera son los únicos.

2. El *Tanaj* lo comprueba

Aun si el Nuevo Testamento no hubiese mencionado las promesas para la nación judía, con todo, están declaradas en el *Tanaj*, el cual es, después de todo, todavía la Palabra de Dios. Lo que los cristianos llaman el Antiguo Testamento era la única Biblia para Yeshua, y él creía en ella con todo su corazón. De hecho, refiriéndose al *Tanaj* y sus promesas dice: "La Escritura no puede ser quebrantada". Así mismo, Sha'ul escribió que "toda Escritura [o sea todo el *Tanaj*] es inspirada por Dios".[24] El Nuevo Testamento ni cancela ni suplanta al *Tanaj*; más bien se encuentra elaborado sobre éste, de una forma más exacta, lo asume. Esto es que todo lo que está escrito en el *Tanaj* es implícito como fiel y verdadero en el Nuevo Testamento, incluyendo las promesas para la nación de Israel.

Además, las promesas del *Tanaj* de un Nuevo Pacto y de un nuevo corazón y espíritu para el pueblo judío se encuentran aunadas con la promesa de que ellos van a permanecer como nación y que van a vivir seguramente en la Tierra de Israel (Jeremías 31:30–37 y Ezequiel 36:22–36). Si creemos que las profesías de un Nuevo Pacto encontradas en estos pasajes han sido cumplidas en Yeshua, también debemos creer que las profesías asociadas con el retorno

[24] Yojanán (Juan) 10:35; 2 Timoteo 3:16.

de Israel del Exilio a la Tierra también van a ser cumplidas. La Biblia no se permite a ella misma ser cortada en pedazos de acuerdo a los conocimientos preconcebidos del lector.

3. Refutando los argumentos de que Dios ha terminado con los judíos

Aun cuando existen personas cuya teología no admite que todavía existan promesas para la nación judía como tal, de hecho, la mayoría de las formas de la teología de la Suplantación dicen que cuando el pueblo judío falló en aceptar a Yeshua como el Mesías, perdieron sus derechos a las promesas del Antiguo Pacto, y lo que queda para ellos como pueblo son sólo maldiciones. Ya hemos indicado anteriormente que la teología de la Suplantación está basada en un incorrecto entendimiento de la relación entre Israel y la Iglesia.[25] Pero debido a su gran influencia, vamos a analizar dos versículos del Nuevo Testamento los cuales se usan para negar las promesas al pueblo judío, demostrando en vez de eso, que estos versículos realmente las confirman.

a. 2 Corintios 1:20

> "...Porque todas las promesas de Dios son en el Sí, y en el Amén", esto es, en Yeshua.

La teología de la Suplantación interpreta esto como que las promesas del Antiguo Testamento en un sentido místico han sido ya cumplidas en el Mesías, así que ninguna de éstas queda para los judíos. Pero el versículo no dice ni implica que todas las promesas han sido ya cumplidas, sino que cuando las promesas de Dios sean cumplidas, son cumplidas en o por medio de Yeshua. Él es el instrumento por medio del cual Dios el Padre ha cumplido, está cumpliendo y va a cumplir la promesa de que ellos van a retornar del Exilio para poseer

[25] Con respecto a la teología de la Suplantación, véanse la sección B–1, y la nota 1.

y vivir en la Tierra de Israel y la promesa de que el Reino va a ser restaurado, con el Hijo de David en el trono. Es un texto que asegura que Dios va a cumplir cada una de sus promesas a los judíos, y no debe ser cambiado con el pretexto de cancelarlas.

b. Mattiyahu [Mateo] 5:17

> No penséis que he venido para abrogar la Ley o los profetas; no he venido para abrogar, sino para cumplir.

La teología de la Suplantación también interpreta que Yeshua en su primera venida cumplió con la *Torá*, así que no tenemos que observarla (la lógica de esta conclusión no es clara); y que él cumplió con las profesías del Antiguo Testamento, para que, una vez más, ninguna permanezca para los judíos.

Pero la palabra que usualmente es traducida como "cumplir", en griego *pleróo*, no necesariamente expresa este sentido específico. Más bien, es una palabra muy común que simplemente significa "llenarse", como una taza o un pozo. Debería ser evidente que el significado verdadero es como se interpreta en el *Jewish New Testament*: "No pienses que he venido a abrogar la *Torá* o los Profetas. No he venido a abrogar sino a completar"; esto es, a cabalmente "llenar" el significado de lo que la *Torá* y las demandas éticas de los profetas requieren. De hecho, este versículo, entendido así, declara el Sermón del Monte en su totalidad, en el cual el Mesías seis veces dice: "Ustedes han escuchado desde tiempos antiguos" una distorción o algo incompleto, "pero os digo" el total, con su completo sentido espiritual para que sea entendido y obedecido.

Como en 2 Corintios 1:20, Yeshua cumple las predicciones de los Profetas; de igual manera, él guardó la *Torá* perfectamente. Pero esto no es a lo que Yeshua se refiere en el Sermón del Monte. De hecho, él va a cumplir todas las profesías que no han sido cumplidas con respecto a sí mismo, y él también va a ser el medio por el cual Dios el Padre va a causar que todas las profesías que no han sido cumplidas para los judíos sean cumplidas.

En suma, las promesas de la Biblia hebrea a los judíos no han sido canceladas en nombre de ser "cumplidas en Yeshua". Más bien, el cumplimiento en Yeshua es una seguridad añadida de que lo que Dios ha prometido a los judíos va a suceder. "Porque irrevocables son los dones y el llamamiento de Dios".[26]

4. La promesa de la Tierra

Ciertamente uno de los aspectos más importantes del Evangelio judío es la promesa de que Israel va a retornar del Exilio a Éretz-Yisrael. Es verdad, no todos los judíos sienten su existencia en la Diáspora como un Exilio. Muchos judíos sienten que los Estados Unidos (o cualquier país en donde ellos viven) es un lugar donde fluye más abundante leche y miel que en la Tierra Prometida. Pero Dios presenta una opinión contraria en su Palabra, y es su opinión la que va a prevalecer al final. En la forma y tiempo que Él escoja, Dios va a reunir al pueblo judío de las naciones de la tierra y retornarlos a la tierra que Él les dio "como una heredad perpetua".[27]

Claro es que esta promesa tiene sus raíces en el *Tanaj*; pero una referencia interesante con respecto a la Tierra se encuentra en el Discurso del Monte de los Olivos en el Nuevo Testamento, donde la mayoría de las traducciones distorcionan el significado. De acuerdo con Mattiyahu [Mateo] 24:30, cuando la señal del Hijo del Hombre aparecerá en el cielo; "y entonces lamentarán todas las tribus de la Tierra", no "todas las tribus de la mundo", como en la mayoría de las versiones, porque Yeshua se está refiriendo a Zacarías 12:10, 14. Mattiyahu nos relata que cuando el Mesías retorne "en las nubes del cielo, con gran poder y gloria", las doce tribus de Israel van a estar viviendo en la Tierra de Israel, y lo van a ver.

[26] Romanos 11:29. Sha'ul escribe sobre esta firme palabra de aseguranza cuando menciona la promesa de que "Todo Israel va a ser salvo" (Romanos 11:26). Pero esta gran promesa que abarca al pueblo judío engloba la completa gama de promesas que Dios ha hecho a ellos en la Biblia Hebrea.

[27] Ver referencias en Génesis y Éxodo en el texto de los dos párrafos que siguen.

La teología de la Suplantación a veces se basa en el punto de vista de que ya no existe ningún reclamo válido por parte de los judíos sobre la Tierra de Israel, con la noción de que, con la venida de Yeshua, el Pacto Mosáico junto con su promesa de la Tierra fue abolido. Aunque no estoy de acuerdo con que este pacto haya sido abolido como tampoco lo ha sido el de Avraham, es conveniente señalar que la promesa de la Tierra fue anterior a Moisés. Esta promesa fue hecha a Avraham (Génesis 12:7, 13:14–17, 15:7–21, 17:7–8, 24:7), Yitzjak (Génesis 26:2–4; 28:3–4, 13–15) y Ya'akov (Génesis 35:11–12), mucho antes de que Moisés llegara a la escena, aunque la promesa fue repetida a él también (Éxodo 32:13). Por la lógica de Gálatas 3:15–17, que nos dice que un pacto posterior no altera al anterior, la promesa de la Tierra hecha a los Patriarcas no es alterada ni por la llegada del Nuevo Pacto ni por la supuesta abrogación del Mosáico.[28] En la actualidad, cuando este asunto de quién tiene qué derechos a la Tierra de Israel está constantemente en los periódicos, los cristianos necesitan

---

[28] Este parece un lugar apropiado para una palabra de como la Carta a Un Grupo de Judíos Mesiánicas [" A Los Hebreos"] trata con los pactos "nuevo" y "viejo".

> Puesto que si el sistema de los *cojanim* es transformado, tiene que haber la necesidad de ocurrir una transformación de la *Torá*...De esta manera el reglamento anterior es pospuesto debido a su debilidad e ineficacia (puesto que la *Torá* no llevó nada hasta la meta); y, por otro lado, una esperanza de algo mejor es introducido, por lo que podemos acercarnos a Dios (Judíos Mesiánicos 7:12, 18–19).

La transformación de la *Torá* no implica que va a ser abolida. Reglas específicas son puestas aparte—por ejemplo, la *Torá* tiene que ser ajustada para dar cuenta del papel de Yeshua como *cohen gadol* (sumo sacerdote). Pero la *Torá* en si misma, continua y debe ser observada. (Para más sobre esto, veamos abajo la sección F.)

> "!Veamos! los días vienen," dice *Adonai,* "cuando voy a establecer ...un nuevo pacto..." [Jeremías 31:30–34]. Usando el término, "nuevo", convierte el primer pacto en "viejo", y algo que se hace viejo, está en proceso de envejecimiento, y está cercano desaparecer por completo (Judíos Mesiánicas 8:9, 13).

La segunda venida de Yeshua está cercana (1 Corintios 7:20–31), pero no ha sucedido todavía (2 Tesalonicenses 2:1–2). De igual manera, aunque el viejo pacto está "cercano a desaparecer", todavía no ha desaparecido. No sabemos cuando va a desaparecer; quizá va a ser después de que Yeshua retorne. Por mientras, el Pacto Mosáico se encuentra aquí para ser observado y no roto por nuestra parte (aunque nuestros Padres lo rompieron, Jeremías 31:31–32, Judíos Mesiánicas 8:10), puesto que nunca ha sido roto por parte de Dios. (Para una mayor información sobre esto veamos el *Messianic Jewish Manifesto* (op. cit. en el capítulo I, nota al calce 3), y capítulo IV, sección E-1; también veamos, la sección F-2d.)

conocer lo que la Biblia dice. No vayamos a ser engañados por el libro de Colin Chapman, *¿De quién es la Tierra Prometida?*,[29] el cual usa la teología de la Suplantación como una base para negar que la Tierra de Israel sigue siendo una promesa de Dios para los judíos.

Al contrario, me agrada una fórmula que Joseph Shulam, líder de la Congregación de "Netivyah" en Jerusalén, me sugirió: "Aunque los árabes no tienen derecho *a* la Tierra, tienen derechos *en* la Tierra". Dios ha prometido el gobierno sobre Éretz-Yisrael al pueblo judío, pero los "habitantes de la Tierra" tienen derecho al uso pacífico y tranquilo de la propiedad de la cual ellos tienen un título, el derecho a que se les pague un precio justo por la tierra que es adquirida de ellos, el derecho a no ser explotados, maltratados o avergonzados. Los judíos israelíes que en la actualidad estamos gobernando sobre los Territorios Árabes con una administración militar no tenemos una mejor guía para nuestro comportamiento que la *Torá* y los Profetas:

> Porque Jehová vuestro Dios es Dios de dioses, y Señor de señores, Dios grande, poderoso y temible, que no hace acepción de personas, ni toma cohecho; que hace justicia al huérfano y a la viuda; que ama también al extranjero dándole pan y vestido. Amaréis, pues, al extranjero; porque extranjeros fuisteis en la tierra de Egipto.[30]

> Oh hombre, Él te ha declarado lo que es bueno, y qué pide Jehová de ti: solamente hacer justicia, y amar misericordia, y humillarte ante tu Dios.[31]

---

[29] Colin Chapman, *Whose Promised Land?*, Tring, Herts, England, Lion Publishing, 1983.

[30] Deuteronomio 10:17–19.

[31] Miqueas 6:8

Mientras que estamos en este tema, quiero decir algunas palabras acerca de la paz entre judíos y árabes. Existen judíos desesperados en lograr cualquier clase de existencia pacífica con los árabes, y hay otros que hacen esfuerzos en contacto y entendimiento. Me parece que la única gran esperanza para una paz genuina con justicia se encuentra en un compañerismo con amor entre los árabes cristianos y los judíos mesiánicos basada en la común fe en Yeshua (en árabe, Yesua). Únicamente el Mesías en el corazón de los árabes y judíos puede traer la paz entre ellos. Ahora mismo se están realizando esfuerzos hacia esta meta. El camino es largo, los peligros y oportunidades de errores son muchos; sin embargo, no puedo ver ninguna otra esperanza. La enemistad entre judíos y árabes tienen asociaciones que sólo nuestra común confianza en el Mesías tiene alguna posibilidad de tender un puente sobre esto. Puesto que los judíos son la vara para medir por parte de Dios, "Yo bendeciré a los que te bendigan y maldeciré a los que te maldigan",[32] Dios le dijo a Avraham, y esto se aplica a los árabes también. Por otro lado, Dios ha reservado bendiciones para Ismael: que él lo convertiría en una "gran nación".[33]

Los esfuerzos por el compañerismo entre árabes y judíos son prometedores, tienen una esperanza y son conmovedores. Pero todavía nos falta un gran camino por recorrer. Cantamos los cantos de los otros, y nos regocijamos con los testimonios de los otros cuando venimos a la fe en Yeshua. Pero todavía falta desahogar nuestras dolencias mutuas, reconocer y arrepentirnos de pecados, perdonar y buscar perdón y revelar nuestros deseos más íntimos. También todavía tenemos que someternos mutuamente a nuestras propias ideas sobre la Tierra y a la disciplina de las Escrituras con el objeto de llegar a un acuerdo teológico. Oren por nosotros en estas áreas.

[32] Génesis 12:3.

[33] Génesis 21:13.

¿Con respecto a la política? ¿De Izquierda? ¿De Derecha? ¿Guerra? ¿Paz? Creo con perfecta fe que si suficientes árabes y judíos son ganados para poner su confianza en Yeshua, el Rey de Israel, y se someten a él, se efectuará la paz.

El presente estado de Israel obviamente no es un estado mesiánico, pero parece estar en la fase de *tikkún-ha'olam*. Joseph Shulam, usando el principio del *Tanaj* del "remanente fiel", ha enseñado que Dios protege al Estado de Israel por amor a los judíos mesiánicos, quienes constituyen el remanente de Israel en el presente. Yeshua llamó a los creyentes " la sal de la tierra",[34] la sal es un preservativo, así que uno puede decir que los judíos mesiánicos preservan al Estado de Israel en la tierra de Israel.

5. La promesa del reino

Dios prometió que siempre habría un descendiente de David para gobernar al pueblo judío.[35] Como bien se sabe, la expectativa popular en el tiempo de Yeshua era de que el Mesías restauraría el destino nacional de Israel, libertándolo del yugo Romano y restableciendo el reinado. Algunos de los oyentes de Yeshua estaban tan ansiosos de que se cumpliera este sueño que trataron de lograrlo por la fuerza.[36]

Durante los tres años de su ministerio, Yeshua no permitió a sus discípulos que lo molestaran con eso, enseñándoles que él tenía que morir por los pecados del mundo y resucitar de los muertos. Pero cuando él hubo cumplido estas cosas, fue razonable que ellos le preguntaran:

> "Señor, ¿restaurarás el autogobierno a Israel en este tiempo?"
> Y les dijo: "No os toca a vosotros saber los tiempos o las sazones, que el Padre puso en su sola potestad".[37]

---

[34] Mattiyahu [Mateo] 5:13; en la mayoría de las traducciones, " la sal de la tierra".

[35] 2 Samuel 7:14.

[36] Yojanán [Juan] 6:15.

[37] Hechos 1:6–7.

Su respuesta quizá no fue lo que ellos deseaban escuchar, pero aprendemos de este texto del Nuevo Testamento que el que Dios vaya a "restaurar la teocracia en Israel" no está en cuestión. Lo único incierto es cuando.

6. Conclusión

En conclusión, las promesas de Dios a la nación judía son un elemento clave de la religión bíblica. ¿Quién sabe si el pueblo judío hubiera sobrevivido sin ellas? Éstas permanecen como elemento central de la vida comunitaria de los judíos. Un Evangelio que no tiene nada que decir acerca de ellas es un Evangelio que pocos judíos comprometidos pueden considerar. Afortunadamente, como hemos visto, el verdadero Evangelio, el Evangelio judío de Yeshua, el Mesías, confirma esas promesas; de hecho, es a través de él que todas son *Sí y Amén.*

F. El papel de la *Torá* en el Evangelio

1. *Torá* incógnita

Estoy seguro de que la falta de una correcta, clara y relativamente completa teología judío-mesiánica o cristiana-gentil de la Ley no es sólo un impedimento mayor para que los cristianos comprendan su propia fe, sino que también es la mayor barrera para que el pueblo judío reciba el Evangelio. Aunque muchos judíos no observan la *Torá*, ni la conocen ni les importa demasiado, yo respaldo esta declaración; porque el cariño judío por la *Torá* se encuentra profundamente cimentado en la memoria de su raza, lo cual a menudo afecta las actitudes inconscientemente.

Mientras que, a fin de cuentas, el tema promordial es: ¿Quién es Yeshua? ¿El Mesías, El Hijo del Dios Viviente, la última Expiación, Señor de nuestras vidas? El problema de la Iglesia aquí es principalmente el de la comunicación, el expresar la verdad en formas que se relacionan a los puntos de vista del mundo en el pueblo judío. Pero la Iglesia apenas sabe que hacer con la *Torá*, o como relacionarla con el Nuevo Testamento. Y si la Iglesia no lo sabe,¡no esperemos que los judíos lo puedan figurar por ellos mismos! Creo que el cristianismo se ha extraviado demasiado en su trato del tema y que la tarea más urgente de la teología actual es entender correctamente que es la Ley.

El cristianismo organiza la teología sistemática por temas que considera importantes. De esta forma, tópicos como el Espíritu Santo y la persona y trabajo del Mesías toman una buena cantidad del lugar en cualquier teología sistemática cristiana. El judaísmo también organiza su pensamiento teológico en categorías que reflejan sus preocupaciones, y lecturas someras de escritos del judaísmo revelan que hay tres temas principales: Dios, Israel (esto es, el pueblo judío) y la *Torá*.

Comparando las teologías del judaísmo y del cristianismo, podemos ver que ambas proporcionan mucha atención a Dios y al pueblo de Dios (por un lado los judíos y por el otro la Iglesia). Por lo tanto, es llamativo el notar cuanto del pensamiento judío se refiere al tema de la *Torá*, y que poco de la teología cristiana se refiere al mismo. Generalmente se la traduce como "*Ley*", aunque el significado en el hebreo es "*enseñanza*". Para buscar una medida de referencia, busqué el tema en el índice de la *Systematic Theology* de James Strong y encontré la palabra "Ley" en 28 páginas del total de 1056 (menos del 3%). En la *Systematic Theology* de L. Berkhof hay tres páginas de 745 (menos del 1/2 %). Y en los siete volúmenes de la *Systematic Theology* de Lewis Sperry Chafer, encontré sólo 7 de 2607 páginas (cerca del 1/4%). Por otro lado, *The Faith of Judaism* por Isidore Epstein, tiene 57 páginas sobre *Torá* de 386 (15%), *Aspects of Rabbinic Theology* por Solomon Schechter, tiene 69 de 343 (20%), y en *A Jewish Theology* por Louis Jacobs, tiene 73 de 331 (22%). (Estos tres autores son Ortodoxo, Conservador y Liberal [Reformado], respectivamente.) Por lo que uno se encuentra forzado a concluir que el tema interesa a los judíos y no a los cristianos.

Esto es algo desafortunado para los cristianos. Significa, primeramente, que la mayoría de los cristianos tienen un entendimiento demasiado simple de lo que trata la *Ley* en su totalidad; y segundo, el cristianismo casi no tiene nada relevante que decir a los judíos acerca de uno de los tres más importantes temas de su fe. En conclusión, *Torá* es el gran territorio no explorado, la *terra incognita* de la teología cristiana.

La razón principal para esto es que la teología cristiana, con su predisposición antijudía que incorporó en sus primeros siglos, malentendió a Sha'ul y concluyó que la *Torá* ya no es válida. Esto no es el Evangelio judío, ni tampoco es el verdadero Evangelio. Ya es hora de que los cristianos entiendan la verdad acerca de la Ley. Los teólogos cristianos en los últimos treinta años han tenido un inicio.[38] Los judíos mesiánicos ahora deberían moverse hacia las líneas frontales y encabezar este proceso revisionista.

2. Nomos

Un buen lugar para iniciar sería un estudio minucioso de la palabra griega *nomos* ("Ley","*Torá*") y sus derivados como se usan en el Nuevo Testamento. Desafortunadamente no tenemos espacio en este libro para emprender esto, puesto que la palabra y sus derivados aparecen 200 veces aproximadanente. El ejemplo que sigue tiene la intención de abrir el apetito y animarles a una investigación posterior.

a. Romanos 10:4—¿Terminó el Mesías con la Ley?

Consideremos a Romanos 10:4 que declara (en una traducción típica pero incorrecta): "Puesto que Cristo termina la Ley y trae justicia

---

[38] W. D. Davies, *Paul and Rabbinic Judaism*, 4th ed., Philadelphia, Fortress Press, 1980; Daniel P. Fuller, *Gospel and Law: Contrast or Continuum?*, Grand Rapids, Eerdmans, 1980; Hans Huebner, *Law in Paul's Thought*, Edinburgh, T. & T. Clark, 1984; Jacob Jervell, *The Unknown Paul*, Minneapolis, Ausburg Press, 1984; E. P. Sanders, *Paul, the Law, and the Jewish People*, Philadelphia, Fortress Press, 1983; E. P. Sanders, *Paul and Palestinian Judaism*, London, SCM Press, Ltd., 1977; Gerard S. Sloyan, *Is Christ the End of the Law?*, Philadelphia, Westminster Press, 1978; Clark M. Williamson, *Has God Rejected His People?*, Nashville, Abingdon, 1982.

para todo el que tiene fe". Tal como este traductor, la mayoría de los teólogos entienden que este versículo dice que Yeshua terminó (abrogó) la *Torá*. Pero la palabra griega traducida "termina" es *telos*, de la cual el inglés toma la palabra "teleología", definida en el *Webster's Third International Dictionary* como "un estudio filosófico de las evidencias de diseño en la naturaleza;...el hecho o el carácter de ser dirigido hacia un final o moldeado por un propósito usado por...naturaleza...concebido al determinarse ...por el diseño de una Providencia divina". El significado normal de *telos* en griego, que también es su significado aquí, es "*meta, propósito, consumación*", no "*final*" o "*término*" como generalmente se la utiliza. El Mesías ni terminó, ni va a terminar con la *Torá*. Antes bien, la meta y propósito de la *Torá* es poner la atención y la fe en el Mesías, una consecuencia lógica que resulta de la observancia de la *Torá* con una fe genuina (opuesto a tratar de observarla por medio del legalismo). Esto, no la terminación de la *Torá*, es lo que señala Sha'ul, como puede ser visto del contexto en Romanos 9:30–10:11.

b. "Bajo la Ley" y "Obras de La Ley"

Mucha de la teología cristiana acerca de la *Torá* está basada en un malentendido de dos expresiones en griego que Sha'ul inventó. La primera es *upo nomon* que aparece 10 veces en Romanos, 1 Corintios y Gálatas, y usualmente se interpreta "bajo la Ley". La otra es *erga nomou*, encontrada con variaciones menores 10 veces en Romanos y Gálatas, traducida como "trabajos de la Ley".

Cualquiera fuese lo que Sha'ul esté tratando de comunicar con estas expresiones, una cosa está clara: Sha'ul se refiere a ellas como algo negativo: el estar "bajo la Ley" es malo, y " las obras de la Ley" son malas. La teología cristiana usualmente toma la primera como "estando dentro del marco de observar la *Torá*" y, la segunda, como "actos de obediencia a la *Torá*". Esta comprensión está equivocada. Sha'ul no considera como algo malo vivir dentro del marco de la *Torá*, ni tampoco es malo obedecerla; por el contrario, el escribe que la *Torá* es "santa, justa y buena" (Romanos 7:12).

C. E. B. Cranfield ha aclarado el sentido de estas dos frases; su primer ensayo sobre el tema apareció en 1964,[39] y él resume en un comentario monumental sobre Romanos,[40] donde escribe:

> ...El idioma griego del tiempo de Pablo no poseía grupos de palabras que correspondieran a "legalismo", "legalista" y "legalístico". Esto significa que le faltaba una terminología conveniente para expresar una vital distinción, lo que sin duda obstaculizó seriamente el trabajo de clarificar la posición cristiana con respecto a la Ley. En vista de esto, pensemos que siempre deberíamos estar listos a considerar la posibilidad de que las declaraciones paulinas, que a primera vista parecen menospreciar la Ley, estaban realmente dirigidas no contra la Ley en sí, sino en contra del malentendimiento y maluso de ella, pero ahora tenemos una terminología apropiada. En este terreno tan difícil Pablo fue el pionero.[41]

Si Cranfield está en lo correcto, como creo que está, deberíamos ver las epístolas de Sha'ul con el mismo espíritu pionero. Deberíamos entender *erga nomou* no como "obras de la Ley", sino como "una observancia legalista de mandamientos particulares de la *Torá*". De igual manera, deberíamos considerar *upo nomon* no como significando "bajo la Ley" sino "en sujeción al sistema que resulta de pervertir la *Torá* y convertirla en legalismo". Así es como estas frases son interpretadas en el *Jewish New Testament.*

La expresión "en sujeción" es importante porque el contexto de *upo nomon* siempre comunica un elemento opresivo. Sha'ul es muy claro con respecto a esto, como puede verse en 1 Corintios 9:20–21, donde, después de decir que para los que están sin la *Torá*, él llegó a ser como uno sin la *Torá*, él enfatizó que él mismo no

[39] C. E. B. Cranfield, "St. Paul and the Law", *Scottish Journal of Theology*, 1964, pp. 43–68.

[40] Cranfield (nota en laección 6 mencionada arriba), volume 2, pp. 845–862.

[41] *Íbid.*, p. 853.

estaba sin la *Torá*, pero *énnomos Christoû*, "en la *Torá* " o "en la *Torá* con Mesías". Usó un término diferente, *énnomos* en lugar de *upo nomon*, para distinguir su relación donde no se sentía oprimido por la *Torá*, ahora que él está unido con el Mesías. Esto seguramente provenía del sentido de carga el cual notaba en personas (¡probablemente en los gentiles!)[42] quienes en lugar de "ponerse bajo la *Torá*" gustosamente bajo la santa, justa y buena *Torá* de Dios, se sujetaron a ellos mismos a una perversión legalista de ella.

Si las interpretaciones anteriores de *upo nomon* y *erga nomou* fueran usadas en los 20 pasajes donde ocurren estas frases, creo que la teología cristiana sobre la *Torá* cambiaría para bien.

c. Gálatas 3:10–13—¿Redimidos de la maldición de la Ley?

Gálatas 3:10–13 presenta un número de tropiezos en la mayoría de las traducciones. Como ejemplo, aquí en la traducción de la Biblia, en la Versión Revisada del 60 dice:

> [10] Porque todos los que dependen de las obras de la Ley están bajo maldición, pues escrito está: Maldito todo aquel que no permaneciere en todas las cosas escritas en el libro de la Ley, para hacerlas. [11] Y que por la Ley ninguno se justifica para con Dios, es evidente, porque: El justo por la fe vivirá; [12] y la Ley no es de fe, sino que dice: El que hiciere estas cosas vivirá por ellas. [13] Cristo nos redimió de la maldición de la Ley, hecha por nosotros maldición (porque está escrito: Maldito todo el que es colgado en un madero).

Estos versículos aparecen como sigue en el *Jewish New Testament*:

> [10] Porque todo aquel que depende en la observancia legalista de los mandamientos de la *Torá* [*érgon nómou*] vive bajo maldición, puesto que está escrito, "Maldito todo

42 Para una discusión del porque "los que están bajo la Ley" son gentiles, véase les notas en 1 Corintios 9:20 en el *Jewish New Testament*.

> aquel que no continúa haciendo todo lo que está escrito en el rollo de la *Torá*". [Deuteronomio 27:26] [11] Ahora es evidente que ningúno llega a ser declarado justo por Dios a través del legalismo [*nómo*], puesto que "la persona que es justa va a alcanzar la vida confiando y siendo fiel". [Habacuc 2:4] [12] Además, el legalismo [*nómo*s] no está basado en confianza y en ser fiel, sino en la mala interpretación del texto que dice: "cualquiera que hace estas cosas va a alcanzar la vida por ellas". [Levítico 18:5] [13] El Mesías nos redimió de la maldición promulgada en la *Torá* [*nómou*] convirtiéndose en maldición por causa nuestra; porque el *Tanaj* dice, "El que es colgado de un madero está bajo maldición". [Deuteronomio 21:22–23]

" La maldición de la Ley" no es la maldición de vivir bajo el marco de la *Torá* porque la *Torá* es buena en sí misma. Tampoco es la maldición debido a su requerimiento para que obedezcamos la *Torá*, sino que la falta del poder para hacer esto (lo que sería una trampa injusta e indigna de Dios, aunque existen teologías que lo enseñan así). Más bien, es la "maldición sentenciada en la *Torá*" (v.13; ver v. 10) por desobedecerla. El énfasis que Sha'ul quiere hacer es que la maldición cae sobre personas que están de hecho tratando de obedecer la *Torá* si sus esfuerzos están basados en el legalismo (vv.11a, 12). Para Sha'ul una actitud legalista es en sí desobediencia; puesto que el *Tanaj* en sí requiere obediencia genuina que emerge de la fe (v.11b). No hay suficiente espacio aquí para comprobar que este es el caso o para tratar con otras controversias que se suscitan por las interpretaciones mencionadas anteriormente de estos cuatro versículos; mi *Jewish New Testament Commentary* se refiere a cuestiones como estas.

d. Judíos Mesiánicos [Hebreos] 8:6—El Nuevo Testamento ha sido dado como *Torá*.

Uno de los descubrimientos más sorprendentes que hice durante la preparación del *Jewish New Testament* es que el Nuevo Testamento mismo ha sido dado realmente como *Torá* —en el sentido de lo que fue dado de la misma forma en que Moisés recibió en el Monte Sinaí la *Torá*. El versículo que esconde este secreto extremadamente bien guardado se encuentra en Judíos Mesiánicos [Hebreos] 8:6, que podemos leer en la traducción común:

> Pero ahora, tanto mejor ministerio es el suyo, cuanto es mediador de un mejor pacto, establecido sobre mejores promesas.

El pasaje parecería como encontrar hierro en mis esfuerzos de encontrar oro. Pero al examinar el texto griego pude notar que la frase "promulgada como" se traduce de la palabra *nenomothétetai*, un compuesto de nuestro familiar término *nomos* ("Ley, *Torá*") junto con el común verbo *títhemi* ("poner, poner en lugar"). Si el tema de la Epístola a un Grupo de Judíos Mesiánicos ("a los Hebreos") fuese explicar una ley griega, o una promulgación del Senado Romano, entonces sería apropiado traducir esta palabra como *"promulgar, establecer, legislar"*, esto es, "*poner*" o "*puesto en lugar de la Ley*".

Sin embargo, en la carta a estos judíos mesiánicos, la palabra *nomos* aparece 14 veces, significando siempre *Torá* específicamente, nunca como una legislación en general. Además, la única otra vez que aparece *nenomothétetai* en el Nuevo Testamento es algunos versículos atrás, en Judíos Mesiánicos 7:11, donde sólo puede referirse al hecho de otorgar la *Torá* en Sinaí (la palabra relacionada *nomothesia*, "dar la *Torá*" en Romanos 9:4 es aplicada de igual manera). Por lo tanto, el *Jewish New Testament* interpreta Judíos Mesiánicos 8:6 como:

> Pero ahora la obra que a Yeshua le fue encomendada es mucho superior a la de ellos, tanto como el pacto del cual Él es Mediador es mejor. Puesto que este pacto ha sido dado como *Torá* basado en promesas más sublimes.

Así que el Nuevo Testamento ha sido "dado como *Torá*", lo que implica que la *Torá* todavía existe y debe ser observada en la era presente por todos los judíos y por todos los gentiles, como vamos a ver. Sin embargo, precisamente lo que se demanda de "*todos los judíos*" y de "*todos los gentiles*" no es tan obvio. Vamos a dirigirnos a esta cuestión de una manera limitada, puesto que un tratado comprensivo se encuentra más allá del interés de este libro.

3. Un Evangelio con una Ley no vigente no puede ser considerado Evangelio

Ha sido hecha la declaración (no digo que estoy de acuerdo) que los tres puntos mencionados con anterioridad son los más importantes de la teología judía. Los judíos reformados enfatizan el concepto de "Dios", los conservadores, el de "Israel", y los Ortodoxos, el de la "*Torá*". Los judíos reformados y seculares no están de acuerdo con los ortodoxos y conservadores sobre si es que estamos obligados a cumplir la *Torá* constantemente. A su vez, los judíos conservadores niegan el exclusivismo de los ortodoxos para determinar que aplicaciones específicas la *Torá* nos obliga a cumplir. Sin embargo, aunque los judíos ortodoxos constituyen un 15 o 20% de la población judía en Israel y aun menor en los Estados Unidos, su punto de vista de la *Torá* como algo eterno ha encontrado un lugar muy profundo en el corazón del pueblo judío. Tanto es así, que los no ortodoxos se encuentran representando el papel de una persona que recientemente ha alcanzado un lugar de preeminencia tratando de desalojar a un maestro inteligente, experimentado y seguro de sí mismo.

Ahora, si el cristianismo llega a un medio ambiente como este con el mensaje de que la *Torá* ya no opera, la línea de comunicación con el judaísmo ortodoxo va a ser totalmente cortada. Ya no hay nada que discutir. Además, si acierto en decir que lo que el judaísmo ortodoxo opina sobre la *Torá*, influye en la generalidad de la mente judía, entonces aun el judío secular "sabe" en cierto nivel, ya sea correctamente o no, que el judaísmo ortodoxo está en lo correcto.

De hecho, existen judíos seculares quienes, aunque no son religiosos ellos mismos, se refieren a los Ortodoxos como los preservadores de la nación judía.

De esta manera, si el cristianismo no puede tratar el tema de la *Torá* con propiedad y seriamente, no tiene nada que decir al pueblo judío. Judíos en lo individual pueden ser ganados para el cristianismo, cruzando la amplia brecha entre el pueblo judío y la Iglesia (véase figura 2E mostrada anteriormente); pero la preocupación central del judaísmo ortodoxo en sí está destituida, quizá con una cita orgullosa y casual de Romanos 6:14: "No nos encontramos bajo la Ley sino bajo la gracia". En mi opinión, esta manera de pensar, estéril y vacía, ha continuado por demasiado tiempo en la Iglesia, ¡y no tiene ningún propósito más que servir al Adversario!

Además, esta manera de pensar no sólo carece de sentido, ¡sino que es perversa! Yeshua dijo muy claramente cuando dijo cual es la base de la oración del Sermón del Monte: "No crean que he venido a abrogar la Ley...; No he venido a abolir, sino *plerôsai*", "llenar". Aprendimos anteriormente[43] que la "llenura" de Yeshua aquí significa el claro, total y apropiado sentido de la *Torá*; y señalamos que aun si *pleróo* signifiacase "cumplimiento", no puede ser torcida para significar "abolición", en contradicción a lo que había dicho tres palabras antes. Esto parece tan claro que es difícil para mí comprender como la teología cristiana se ha atrevido a proponer la idea de que la *Torá* ya no existe. Yo creo que esto sucedió debido a la predisposición antisemita que fue infundida a la Iglesia gentil en sus primeros siglos;[44] esta predisposición ahora ha trascendido y se ha hecho tan difícil de desarraigar que aun los cristianos que no albergan en lo más mínimo un antisemitismo personal son afectados por esto sin poder evitarlo.

[43] Sección D-3 mencionada anteriormente.

[44] Fue el Adversario (Satanás) quien infundió esta predisposición antisemita a la Iglesia. Él aborrece a los judíos con furia sin fin porque Dios los escogió para actuar en la historia a través de ellos. Pero Satanás puede entrar únicamente donde no hay defensa contra él. (Mattiyahu [Mateo] 12:43–45).

El remedio es reconsiderar la teología de la *Torá*. Estoy convencido que al hacer esto vamos a encontrar que la *Torá* sigue siendo vigente. Cuando menciono esto, no estoy haciendo una "concesión al judaísmo", como algunos críticos cristianos pueden suponer. Ni tampoco de ninguna forma estoy expresando la teología en contra de la *Torá* en un lenguaje a favor de la *Torá* que es hipócrita, engañoso y confuso. Esta es una acusación que puedo esperar de algunos judíos no mesiánicos. Más bien, estoy declarando tan claramente como me es posible lo que creo que enseña el Nuevo Testamento. Vamos a comprobar que esto no es ni una concesión ni una confusión, sino que un reto—tanto para los judíos como para los cristianos.

Pero un elemento clave para el Nuevo Testamento, tanto como fue prometido por Jeremías y mencionado en la Epístola a un Grupo de Judíos Mesiánicos ["a los Hebreos"], está que la *Torá* está escrita en los corazones de las personas (Jeremías 31:30–34, Judíos Mesiánicos [Hebreos] 8:9–12). ¡Implicaría un juego de magia inaceptable el pensar que cuando Dios escribe la *Torá* en los corazones, la transforma en algo diferente que *Torá*!

Sin embargo, si judíos mesiánicos y cristianos gentiles reconocen que la *Torá* está vigente, entonces nos hacemos la pregunta, "¿qué requiere exactamente la *Torá* ahora que Yeshua, el Mesías, ha inaugurado el Nuevo Pacto? ¿Qué es la *jalajá* del Nuevo Pacto?[45]

---

[45] *Jalajá* o *halakhah* significa literalmente "manera de caminar"; pero, dependiendo del contexto, puede significar tanto un sentido amplio, "manera de vivir de acuerdo con la *Torá*", o en un sentido estrecho, "la norma [regla] para ser seguida" en una situación en particular. En un discurso judío cuando uno habla de "la *jalajá*", uno trae a la mente todo el marco del estilo de vida judío como puede verse desde un punto de vista particular. A veces, el intento es el de conocer lo que es permitido y lo prohibido por la Ley judía; sin embargo, también frecuentemente la preocupación no de una forma "legal" pero simplemente relacionada con averiguar cuales son las costumbres, y quizá ¿por qué? son de tal forma. La frase "la *jalajá*" comprende en sí la escencia del pueblo judío abarcando siglos y expresándose por medio de simples personas judías que consultan con sus rabinos para aprender más sobre cómo Dios desea que ellos vivan.

Esta es una pregunta que los judíos se hacen, y, como veremos, es un elemento esencial del Evangelio.

Existe una tradición dentro del judaísmo que dice que cuando venga el Mesías, Él va a explicar las preguntas difíciles de la *Torá*. Otra tradición comenta que Él va a cambiar la *Torá*. Yeshua, el Mesías, ya vino; ya explicó algunas cosas (por ejemplo, en el Sermón del Monte) y otras cosas han sido cambiadas, como aprenderemos más adelante en este capítulo. (¡Cuando Él venga por segunda vez quizá nos dé más explicaciones y haga más cambios!) Un judío puede tolerar esta opinión de la *Torá*. Los cristianos van a tener que acostumbrarse.

4. *Jalajot* del Nuevo Pacto

De hecho, el Nuevo Testamento no nos deja enteramente en la obscuridad sobre la cuestión de qué es el la *jalajá* del Nuevo Pacto. Por el contrario, el Nuevo Testamento de hecho declara un número de *dinéi-Torá* (juicios específicos de cómo se aplica la *Torá*) o de las *jalajot* (aplicaciones de la Ley), y estas generalmente son alcanzadas por patrones de pensamiento rabínicos. Aquí proporciono cinco ejemplos:

a. Yojanán [Juan] 7:22–23

En este pasaje Yeshua presenta un *din-Torá* que la *mitzvá* de sanidad es superior al hecho de no trabajar en el *Shabbat* (Sabat). Al tomar la decisión sobre cual de las dos leyes conflictivas es válida en una situación en particular, Él estaba haciendo lo que hicieron los rabinos que desarrollaron la *Torá* Oral. De hecho, Yeshua se refirió en este pasaje a una bien conocida decisión que puede ser encontrada en el *Talmud*, en el tratado *Shabbat*, páginas 128a ff.

Los rabinos fueron confrontados con la contradicción existente entre la Ley que prohíbe trabajar en *Shabbat* y el mandamiento de que un hombre debe circuncidar a su hijo el octavo día de su vida. El conflicto nace del hecho de cortar y cargar las herramientas que se necesitan para llevar a cabo el *b'rit-milá*, los que son la clase de trabajos prohibidos por los rabinos en el *Shabbat*. Ellos decidieron que si el octavo día cae en *Shabbat*, se hace el trabajo necesario y se circuncida al niño; pero si la circuncisión tiene que llevarse a cabo después del octavo día, por decir, por razones de salud, ésta no puede ser hecha en *Shabbat* en violación de las prohibiciones para trabajar; se tiene que esperar un día entre semana.

Yeshua, defendiendo este mandamiento, usó lo que el judaísmo llama un argumento *kal v'jómer* ("fácil y difícil"), conocido en filosofía como un razonamiento *a fortiori* ("de mayor peso [fuerza]"). Su escencia está ejemplificada en la frase "¡Cuánto más...!" Yojanán [Juan] 7:23, dice, en efecto: "Si ustedes permiten violar el *Sabbat* para observar la *mitzvá* de la circuncisión; cuanto más importante es sanar completamente el cuerpo de un hombre, por lo que deben permitir la violación del *Shabbat* también en este caso".

b. Gálatas 2:11–14

Sha'ul pronunció una importante *jalajá* en Gálatas 2:11–14. También es una decisión de cómo proceder cuando dos principios valiosos se encuentran en conflicto, pero en este caso el conflicto fue entre un mandamiento del Antiguo Testamento y una necesidad del Nuevo Testamento. Su conclusión no fue, como algunos suponen, que las leyes dietéticas del judaísmo ya no se aplican, sino que la observancia de los creyentes judíos del *kashrut* no deben impedir la comunión con los creyentes gentiles. La comunión en el Mesías es más importante que la comida *kosher*. Pero cuando un creyente judío que practica *kosher* no rompe tal comunión, entonces nada en Gálatas 2:11–14 puede ser interpretado como una afirmación de que las leyes dietéticas judías no deben ser observadas.

c. Marcos 7:1–20

Mientras que estamos en el tema de *kashrut,* vamos a ver otros dos pasajes que se citan por lo general, para probar su abolición y mostrar que este no es el propósito. En Marcos 7:1–20 no se refiere al *kashrut* sino al ritual de lavarse las manos antes de los alimentos *(n'tilat-yadáyim)*, una práctica observada en el judaísmo tradicional en la actualidad.[46] Por lo tanto, cuando Yeshua "declaró que todos los alimentos son limpios",[47] Él no estaba declarando que los alimentos *treif* son *kosher*, sino que estaba diciendo que el alimento *kosher* no se convierte en ritualmente inmundo cuando las manos no lavadas lo tocan. Aunque en nuestra época es difícil para cualquiera que no sea un judío ortodoxo pensar en una forma inteligente acerca del ritual de la impureza, su importancia en el tiempo de Yeshua puede ser medida de una forma somera por el hecho que una de las seis divisiones principales del *Talmud* (*Tohorot*, "Purezas") se encuentra casi en su totalidad dedicadas a este tema.

Sin embargo, para nosotros la *jalajá* importante que debemos tomar en cuenta no tiene nada que ver con el comer. En este pasaje, Yeshua no descalifica "la tradición de los ancianos", como lo hacen muchos cristianos. Más bien, en lo que él insiste es en que las tradiciones humanas no deberían ser usadas para "nulificar y dejar vacía la palabra de Dios". Este es un reglamento clave *jalajit* del Mesías mismo que puede guiarnos en crear una *jalajá* del Nuevo Testamento para la actualidad. Dice que debemos mantener nuestras prioridades en orden: únicamente la Palabra de Dios nos demanda absoluta obediencia. Nuestras *jalajot* pueden servirnos, pueden darnos sugerencias, edificarnos, y ser valiosas para guianza, pero son sólo "tradición de hombres", por lo tanto no son infalibles y son menos importantes. La *jalajá* del Mesías se contradice con el punto de vista que prevalece en el judaísmo ortodoxo, el cual proviene directamente del punto de vista farisáico que Yeshua criticó al considerar el reglamento de la violación rabínica más severo que la violación de un precepto bíblico.

d. Hechos 10:9–17, 28

Kefa [Pedro] tuvo una visión en la cual tres veces él vio animales *treif* que descendían del cielo en un lienzo y le vino una voz: "Mata y come". A diferencia de los que interpretan e inmediatamente

---

[46] Véase Marcos 7:2–5.

[47] Marcos 7:19.

asumen que este pasaje enseña que los judíos ya no deben de observar las comidas *kosher*, Kefa pasó algún tiempo "intrigado sobre el significado de la visión". Únicamente cuando llegó a casa de Cornelio pudo armar el rompecabezas, y pudo declarar: "Lo que Dios limpió, no lo llames tú *persona* común". La visión era acerca de gente, no de comida. No enseñó a Kefa, quien había siempre observado *kosher*, a cambiar sus hábitos alimenticios, sino a aceptar a los gentiles igual que a los judíos como candidatos para salvación.

Se debe recordar que el lienzo del cielo contenía toda clase de animales, bestias salvajes, reptiles y aves; sin embargo, no conozco a ningún intérprete de la Bíblia que insista que las águilas, cuervos, buhos, vampiros, ratones, comadrejas, lagartijas, cocodrilos, camaleones, víboras, arañas y bichos deben considerarse como comestibles. Dios especifica en Levítico 11 lo que los judíos deben considerar como "alimento". Aunque hubiera un mensaje secundario en esta visión acerca de los alimentos, no derribaría totalmente las leyes dietéticas sino declararía el mismo reglamento que encontramos en el antes mencionado Gálatas 2:11–14, de que la comunión entre creyentes judíos y gentiles suplanta la observancia del *kashrut*. [48]

e. Hechos 15 y la *Torá*

En Hechos capítulo 15, el Concilio de Jerusalén, una clase de *Sanedrín* mesiánico, fue convocado para determinar bajo qué condiciones los creyentes gentiles iban a ser aceptados en la comunidad mesiánica (esto es, en la Iglesia). Se decidió que no necesitaban convertirse al judaísmo pero que inicialmente debían observar cuatro *jalajot*: "apartarse de cosas dedicadas a los ídolos, de fornicación, de comer carne ahogada y de comer sangre".[49]

Esto nos enseña que los elementos de la *Torá* que se aplican a los gentiles bajo el Nuevo Pacto no son los mismos que aquellos que aplican a los judíos. (El Concilio de Jerusalén no hizo ningún

---

[48] Para más información sobre este tema, véanse notas en Gálatas 2:11–14 en el *Jewish New Testament*.

[49] Hechos 15:20.

cambio en lo que concierne a los judíos y la *Torá*, tanto así que algunos años después todavía podía contarse en Jerusalén "cientos de miles" de judíos mesiánicos que eran "celosos de la *Torá*".)[50] No debería sorprendernos si la *Torá* del Nuevo Testamento especifica diferentes mandamientos para los judíos y para los gentiles. Primero, los Cinco Libros de Moisés tienen mandamientos que se aplican a algunos grupos y no a otros: al rey pero no a los súbditos, a los *cojanim* ("sacerdotes") pero no a otros judíos, a hombres pero no a mujeres. Segundo, el Nuevo Testamento también tiene diferentes mandamientos para diferentes categorías de personas, por ejemplo: hombres y mujeres, maridos y esposas, padres e hijos, esclavos y amos, líderes y sus seguidores, y viudas.[51]

Sin embargo, Hechos 15 también nos enseña que aunque a los gentiles les era requerido observar sólo cuatro leyes al ingresar a la comunidad mesiánica, les era *permitido* aprender tanto del judaísmo como ellos deseaban[52] y lo más probable era que observaban todas las leyes y costumbres judías que ellos querían. La única condición que se añadió en el Nuevo Pacto (en Gálatas) es que los gentiles no deberían suponer que el autojudaizarse iba a ganarles "puntos para la salvación" con Dios.

Además, no debería pensarse que el único requerimiento que el Nuevo Testamento [Pacto] hace a los gentiles es el obedecer estos cuatro mandamientos. Al contrario, existen cientos de mandamientos en el Nuevo Testamento tanto para los gentiles como para los judíos. Ni tampoco debe pensarse que el Nuevo Testamento se deshace de la ley moral, civil, ceremonial o cualquier otra categoría de la Ley. Existen mandatos en el Nuevo Testamento para los judíos y para los gentiles en todas estas categorías. Para dar algunos ejemplos, Romanos 13:1–7 y Hechos 5:29 tocan el punto de obediencia y desobediencia civil, Mattiyahu [Mateo] 28:19 y 1 Corintios 11:17–34 tratan con asuntos

---

50 Hechos 21:20.

51 1 Corintios 11:2–16, 14:34–36; Efesios 5:22–6:9; Colosenses 3:18–4:1; 1 Timoteo 3:1–13, 5:3–16; Judíos Mesiánicas [Hebreos] 13:7, 17; 1 Kefa [Pedro] 3:1–7.

52 Hechos 15:21.

ceremoniales, 1 Corintios 5:1–6:7, 14:26–40; 2 Corintios 2:5–11 y Mateo 18:15–17 tratan con el orden en la comunidad mesiánica. Existen muchos mandatos morales, éticos y espirituales los cuales no necesitamos citar (1050 mandatos de todo tipo, de acuerdo a una enumeración).[53]

Concluimos que bajo el Nuevo Testamento la *Torá* sigue vigente tanto para gentiles como para los judíos, aunque los requerimientos específicos para los gentiles difieren de aquellos para los judíos.

5. *Jalajá* del Nuevo Pacto

Es fácil para muchos cristianos gentiles estar de acuerdo con la declaración abstracta de que la *Torá* está todavía vigente bajo el Nuevo Pacto, pues no sería probable que ellos tengan un sentido de cómo extraer sus implicaciones. Pero un judío que está de acuerdo debería inmediatamente meditar en cómo puede aplicarse la *Torá*. ¿Qué es la *jalajá* bajo el Nuevo Pacto? ¿Qué debería hacerse y qué no debería hacerse en situaciones particulares? ¿Deberíamos dejar de encender fuego y dejar de manejar en *Shabbat*? ¿Debería un hombre usar la *kippá* (cubierta para la cabeza) en la congregación? ¿Debe usar *tzitziyot* (flecos en las orillas de su vestidura de acuerdo con Números 15:37–41)? ¿Debe el líder de una congregación judío-mesiánica ser llamado rabino?¿Puede un mesiánico gentil ser llamado para leer la porción de la *Torá* en una sinagoga mesiánica? ¿Puede un gentil cristiano convertirse al judaísmo? y si esto es así, ¿bajo los auspicios de quién? ¿Cómo deben los judíos mesiánicos relacionarse con el Estado de Israel? ¿Deben los judíos mesiánicos inmigrar a Israel? ¿Existe una *jalajá* concerniente al caso de cuando un judío mesiánico se casa con una cristiana gentil? ¿Debe un judío mesiánico encender las velas del *Shabbat*? y si lo hace, ¿debería recitar la (bendición) *brajá* tradicional que declara que Dios mandó que se encendieran las velas en *Shabbat*? (no existe tal mandamiento en la Biblia.) ¿A qué punto podrían o deben miembros gentiles en las congregaciones judío-mesiánicas imitar o tomar para sí prácticas judías? Etcétera.

---

[53] Finnis Jennings Dake, Dake's Annotated Reference Bible, Lawrenceville, GA, Dake Bible Sales, Inc., 1961, New Testament, pp. 313–316.

¿Debería la creación de una *jalajá* en el Nuevo Testamento seguir el patrón de judaísmo (no mesiánico)? Podemos imaginar la creación de un cuerpo del Nuevo Testamento en un proceso de Ley muy parecido al *Talmud*, a los Códigos y a la Responsa [respuesta]. Tomaría en consideración a la *jalajá* judía, la cual después de todo, ha tratado con casi cada sector de la existencia humana; sin embargo, todo tendría que ser vuelto a examinar a la luz del Nuevo Testamento. Sería creado por ambos creyentes judíos y gentiles, con el texto primordial en el cual se base tal procedimiento, Mattiyahu [Mateo] 18:18–20:

> De cierto os digo[discípulos en liderazgo] que todo lo que atéis [esto es, prohiban] en la tierra, será atado en el cielo; y todo lo que desatéis [permitan] en la tierra, será desatado en el cielo. Otra vez os digo, que si dos de vosotros en la tierra se pusieren de acuerdo en la tierra acerca de cualquiera cosa que la gente pide, les será hecho por mi Padre que está en los cielos. Porque donde están dos o tres congregados en mi nombre, allí estoy yo con ellos.[54]

La última frase es mencionada por lo general como la certeza de que Yeshua está presente con los creyentes cuando ellos oran. Esto es verdad, pero no basándose en este versículo. Yeshua aquí está hablando a personas que tienen autoridad para regular la vida comunitaria mesiánica (veamos los tres versículos anteriores). Él dice que ellos, y lo más probable los líderes que les siguieron, tienen el derecho de establecer una *jalajá*, puesto que los términos "atar" y "desatar" eran usados en el judaísmo del siglo primero para significar "prohibir" y "permitir". Yeshua está enseñando que cuando un asunto es traído formalmente a un jurado de dos o tres líderes de comunidades mesiánicas, y ellos interpretan una decisión de *jalajá* aquí en la tierra, pueden estar seguros de que la autoridad de Dios los respalda.

¿Pero qué bien puede hacer un cuerpo de *jalajá* así? ¿Quién lo observaría? ¿Quién lo necesita? ¿Existe alguien que siquiera lo desee? ¿Es que no somos guiados en todas las cosas por el Espíritu Santo? ¿Acaso requerimos de una serie de reglamentos o de lineamientos?

Bueno, aquí tenemos un inicio de un debate. No presumo que puedo terminarlo, aunque en mi libro más extenso, *Messianic Jewish Manifesto*, lleva la discusión algunos pasos más adelante. Pero aun lo poco que se ha presentado aquí nos proporciona una pequeña luz sobre los elementos judíos de la *Torá* que están presentes en el Evangelio. Anhelo fervientemente que la Iglesia nunca más los haga a un lado con el lema, "¡Libres de la Ley!" En tanto que alcanzemos lo que concierne a la meta de la Gran Comisión, "libres de la Ley" es como esconder la cabeza en la arena.

III PRESUPOSICIONES SOBRE EL TEMA RESTAURANDO LAS RAÍCES JUDÍAS DEL EVANGELIO

En la introducción escribí que presuponía que mis lectores estarían de acuerdo con los siguientes tres puntos, los cuales no son en ellos mismos una parte del tema restaurarando las raíces judías del Evangelio, pero se encuentran incluidos en este: (1) el cristianismo es de origen judío, (2) el antisemitismo no es cristiano, y (3)) el rechazar o ser negligentes en evangelizar a los juos es un hecho antisemita. Ha llegado el momento de discutir estos asuntos, puesto que algunos lectores no van a estar de acuerdo y necesitan ser convencidos. Vamos a concluir considerando lo que Sha'ul [Pablo] quiso decir cuando escribió en Romanos 1:16 que el Evangelio es "para el judío primero".

A. *El cristianismo de origen judío*

Edith Schaeffer, esposa del finado Francis Schaeffer, escribió un libro titulado, *Christianity is Jewish.*[1] Su punto de vista, al igual que el mío, es que el cristianismo, siimportar qué tan lejanas del judaísmo algunas de sus formas actuales de expresión puedan encontrarse, tiene sus raíces en el judaísmo y en el pueblo judío.

Simplemente son hechos que no permiten der debatidos. Por muchos años, todos los discípulos de Yeshua eran judíos. El Nuevo

[1] Edith Schaeffer, *Christianity is Jewish*, Wheaton, Illinois, Tyndale House Publishers, Inc., 1975.

Testamento fue escrito en su totalidad por judíos (al parecer Lucas probablemente era un judío prosélito). El mismo concepto de un Mesías es completamente judaico. Finalmente, el mismo Yeshua era judío; lo fue, entonces todavía es, puesto que en ningún lugar las Escrituras sugieren que él ha dejado de ser judío. Sha'ul, el emisario principal para los gentiles, fue un judío observante durante toda su vida. De hecho, el problema principal en la Iglesia primitiva era que si la persona no se convertía por completo al judaísmo siendo gentil, ¿cómo podía ser cristiano? La expiación sustitutoria del Mesías se encuentra arraigada en el sistema de los sacrificios judíos; la comunión se encuentra arraigada en las tradiciones de la Pascujudía; el bautismo es una práctica judía; y de hecho el Nuevo Testamento en su totalidad se encuentra edificado sobre la Biblia hebrea, con sus profesías y su promesa de un Nuevo Pacto. Por lo tanto, tener el Nuevo Testamento sin el Antiguo igualmente es imposible, así como tener el segundo piso de una casa sin tener el primero.

Además, mucho de lo que se encuentra escrito en el Nuevo Testamento es incomprensible fuera del judaísmo. En el capítulo anterior en la discusión sobre Mattiyahu [Mateo] 18:18–20a proporcionamos un ejemplo sobre esto,[2] pero aquí hay otro. Yeshua nos dice en el Sermón del Monte: "Pero si tu ojo es maligno, todo tu cuerpo estará en tinieblas."[3] ¿Qué es un ojo maligno? Alguien que no conoce el antecedente judío puede suponer que se estaba hablando de maldecir. Pero en hebreo, tener un *"ayin ra'ah"* un 'ojo maligno,' significa ser tacaño; mientras que tener un *"ayin tovah"*, un 'ojo benigno' significa ser generoso. Yeshua está alertando a las personas sobre la falta de generosidad y ˇˇicamente esto. Además, esto encaja perfectamente con el contexto: "Porque donde esté vuestro tesoro, allí estará también vuestro corazón, así que...no podéis servir a Dios y a las riquezas".[4]

---

[2] Capítulo II, sección F-5.

[3] Mattiyahu [Mateo] 6:23.

[4] Mattiyahu [Mateo] 6:21,24.

El judaísmo de la fe cristiana se puede ver claramente a través del Nuevo Testamento, pero Sha'ul lo hace explícito en el libro de Romanos. Él escribe: "Primero, ciertamente, a los judíos les ha sido confiada la Palabra de Dios",[5] queriendo decir la Biblia hebrea, y luego se expande sobre el tema, añadiendo que los raelitas:

> fueron hechos hijos de Dios, que la *Shekiná* (la gloria manifestada de Dios) ha estado con ellos, que los pactos son de ellos, tanto como la *Torá* fue dada a ellos, los servicios del Templo y las promesas; los patriarcas son de ellos; y de ellos, en cuanto a su descendencia física, vino el Mesías. [6]

De esta manera, aunque el mensaje del Evangelio es tanto para el judío como para el gentil, el contexto de la fe mesiánica es judío. Aun si aceptáramos la falsa premisa de la teología de la Suplantión, la que dice que los judíos ya no son el pueblo de Dios, esto no cambiaría el hecho de que el cristianismo es judío. El tratar de entender esto de una forma diferente sólo puede distorcionar el mensaje.

Sin embargo, el cristianismo es judío en aun otro sentido, a saber, que en principio es asimilado de la mejor forma por los judíos. Esto es el meollo del asunto en los mencionados pasajes en Romanos; su objetivo es demostrar que el Evangelio es "para el judío especialmente", como podremos ver.

B. El ANtisemitismo no es cristiano

El antisemitismo es incompatible con la fe bíblica. En Zacarías 2:8, Dios dice: "El que os toca"—al pueblo judío—"toca a la niña de mi ojo", esto es, la pupila, la parte más sensible y útil. En Génesis 12:3, Dios asegura a Avraham, el padre del pueblo judío: "Bendeciré a los que te bendijeren, y a los que te maldijeren, maldeciré".

---

[5] Romanos 3:2.

[6] Romanos 9:4–5.

Sin embargo, tanto individuos como la Iglesia como institución han enseñado doctrinas antisemitas y se han cometido actos antisemitas en el nombre Cristo. Además, aunque algunos de estos individuos eran cristianos sólo de nombre, sin demostrar ninguna evidencia de fe genuina, otros fueron personas que de acuerdo con cualquier criterio excepto el del antisemitismo mismo eran realmente cristianos, como, por ejemplo, Augustine y Martin Luther. De hecho, aunque Luther inauguró la Reforma Protestante uno se pone a pensar, a la luz de lo que se comenta en Génesis 12:3, si el hombre que llenó su tratado, "*Sobre los judíos y sus mentiras*"[7] con blasfemias ctra los descendientes de Avraham fue realmente salvo.

Yo pienso que es apropiado para los cristianos gentiles y para los judíos mesiánicos tomar la responsabilidad de estas cosas, y poder ser humildes con respecto a ellas para que podamos adoptar

---

[7] Martín Lutero, " *On The Jews And Their Lies*" (1543), traducido por Martin H. Bertram, editado por Franklin Sherman: Volume 47, pp. 121–306 of Jaroslav Pelikan and Helmut T. Lehmann, *Luther's Works*, Philadelphia, Fortress Press and St. Louis, Concordia Publishing House, 1962–1974. Seleccionamos lo siguiente de pp. 268–278:

> ¿Qué haremos nosotros los cristianos con este pueblo rechazado y condenado, los judíos?...quiero darles mi más sincero consejo: Primero, debemos incendiar sus sinagogas...para honrar a nuestro Señor y el cristianismo, para que Dios pueda ver que somos cristianos....Les aconsejo que sus casas también sean arrasadas y destruidas....Les aconsejo que sus libros de oración y sus escritos talmúdicos...les sean quitados....Aconsejo que a sus rabinos les sea prohibido enseñar bajo pena de muerte y pérdida de sus miembros...[N]osotros vamos a creer que nuestro Señor Jesús el Cristo es verdadero cuando Él declaró sobre los judíos que no le aceptaron sino que lo crucificaron: "Ustedes son unas víboras e hijos del diablo...". He leído y escuchado muchas historias sobre los judíos las cuales están de acuerdo con el juicio de Cristo, a saber, como han envenenado pozos, han cometido asesinatos, han secuestrado a niños...Escuché que un judío envió a otro judío y esto por medio de un cristiano, una vasija con sangre, junto con un barril de vino, que en cuanto eso fue vaciado, un judío muerto fue encontrado....

Esta no es una lectura que edifica. Un análisis más detallado es contenido en mi documento que no ha sido publicado, "Luther's View of the Jews: A Lesson for our Time", 1974.

la actitud de personalmente reconocer la culpabilidad de la Iglesia con respecto a los judíos sin necesariamente esperar ser perdonados por ellos.

Algo más importante es que todos debemos entender que cualquier pensamiento, palabras o hechos que dañen a persos judías o al pueblo judío como entidad meramente porque son judíos, viola todo lo que es cristiano y debe ser reconocido como pecado.

Finalmente, existen formas inconcientes de antisemitismo (el volver a leer este libro va a descubrir muchas de ellas).[8] Cristianos bien intencionados, quienes ni desean ofender ni les son desagradables los judíos, a veces absorben actitudes antisemitas de una cultura que por siglos ha estado saturada de enseñanzas antisemitas. Sustituir interpretaciones en contra de los díos del Nuevo Testamento con interpretaciones basadas en sus antecedentes judíos puede ser una forma efectiva para tratar con este fenómeno.

C. El *rechazo o la negligencia a evangelizar a los judíos es una forma de antisemitismo*

Únicamente sectarios y patanes disputarían los primeros dos puntos en este capítulo. Pero hay muchas personas que se llaman así mismas cristianas que no estarían de acuerdo con este tercer punto, quienes insistirían en que lo apropiado es no llevar el Evangelio al pueblo judío, ni como individuos ni como pueblo. Otros de hecho no rechazan evangelizar a judíos en principio, pero simplemente no lo hacen, considerando que es no es una prioridad en sus vidas cristianas.

Por lo tanto, lo que en esta sección vamos a establecer es que el evangelismo a los judíos debería tener una alta prioridad para cada cristiano.

---

[8] Véase mi *Messianic Jewish Manifesto* (op. cit. en el capítulo I, nota al calce 3), capítulo III, sección E-4.

1. Una negligencia benigna hacia los judíos es antisemitismo

Existen cristianos que justifican su negligencia al evangelismo judío con comentarios como este"No conozco ningún judío", "Nunca he pensado sobre el judaísmo;" "Dios no me ha llamdo para que me involucre con los judíos".

Todas son excusas no satisfactorias, puesto que las Escrituras no nos permiten la opción de pasar por alto a los judíos. Zacarías 1:15 es un versículo muy interesante. Dios le dice al profeta: "Estoy muy airado contra las naciones (*goyim)* "—la palabra hebrea aquí traducida puede significar *gentiles, paganos o naciones*—"que están reposadas; porque cuando yo estaba enojado un poco, eos agravaron el mal". ¿Cómo es que los gentiles ayudaron a "agravar el mal" hacia los judíos? "Al actuar con desahogo"—indiferentes, sin importarles, ignorando la situación. Edmund Burke comentó que el mal del mundo puede ser la consecuencia de hombres buenos que se sientan y no hacen nada. El mismo Yeshua comentó: "El que no es conmigo, contra mí es; y el que conmigo no recoge, desparrama".[9] No existe posición intermedia, no hay *tertium quid*. Todos tenemos que tomar una posición; si no lo hacemos, estam tomando una posición en contra.

Si es que la indeferencia hacia el pueblo judío se toma como una oposición y está equivocada, entonces, ¿qué es lo correcto? Lo correcto es traer el Evangelio al pueblo judío tomando en serio su posición como pueblo de Dios, de quien su llamamiento y dones, como Sha'ul escribió, son irrevocables. En otras palabras, lo correcto es ser un canal del amor de Dios para los judíos.

2. La negligencia deliberada, justificada por la historia es antisemita

También existen person que se dicen llamar cristianos que no sólo son negligentes con los judíos y rechazan evangelizarlos, sino que lo hacen de una forma deliberada y creen que están haciendo lo correcto.

---

9 Lucas 11:23.

Algunos simplemente tienen temor de ser rechazados, puesto que es bien sabido que muchos judíos no están abiertos a considerar las demandas de Yeshua y del Nuevo Testamento. Si esta es la única razón, deseamos animarlos a hacer a un lado su temor, y orar por que Dios les bendiga en sus esfuerzos, y luego obedecer la Gran Comisión al extender su mano a los judíos con la oferta del amor de Dios y el perdón por medio del Mesías.

Otros sienten que deben respetar las sensibilidades de los judíos que dicen que no desean escuchar sobre Yeshua. Para ellos, el remedio es prestar mayor atención a las Escrituras que a sus sentimientos y renovar sus esfuerzos, con tacto, sensibilidad, y con la guía del Señor, comunicando así la verdad del Evangelio a los judíos.

Sin embargo, otros no se basan en las emociones sino que intentan racionazar evadiendo el evangelismo judío con hechos objetivos. Una justificación común para no evangelizar a los judíos procede del Holocausto, donce seis millones de judíos murieron en manos de los Nazis. Durante los doce años que estuvo Hitler en el poder, las iglesias del estado permanecieron en notorio silencio y débiles ante la cara de la visible maldad. Además, la principal teología cristiana, si no es de hecho antisemita, permaneció lo suficientemente apática hacia los judíos y el judaísmo al permitir quun antisemitismo virulento se expresarse a sí mismo como algo desenfrenado. Muchos cristianos bien intencionados se preguntan, ¿cómo es que al ver tal clase de pecado cometido por la Iglesia, nos atrevemos a decirles a los judíos que deben poner su confianza en Jesús?

La respuesta tiene dos caras. Por una parte, la respuesta a la pregunta "¿cómo?" es: "humildemente". Un cristiano debería estar deseoso de llevar la carga de la Iglesia con respecto a los judíos. No debería decir: "La mala teología cristianfue hecha por los liberales, y ellos no eran verdaderos cristianos. Las iglesias estatales no tuvieron un liderazgo verdaderamente cristiano". En lugar de esto, debe de admitir: " Es posible que personas que son mis hermanos en Cristo hayan cometido cosas horrendas en contra de los judíos. No puedo saber con certeza si son verdaderamente mis hermanos, pero no deseo beneficiar mi conciencia al negar la posibilidad categóricamente".

Además, la actitud que se adopta hacia los judíos con respecto al Holocaus es la de buscar perdón sin esperar recibirlo. Se debe de reconocer que la Iglesia pecó. Por lo cual debe pedir disculpas. Pero, ¿por qué está un judío obligado a perdonar esto? ¿Qué ha hecho la Iglesia para ganarse el perdón del pueblo judío? Un elemento al perdonar es la restitución. ¿Cómo puede la Iglesia, o cualquier persona, restituir la muerte de seis millones de personas? Por último, la respuesta es que solo Dios puede hacer restitución. El Holocausto es demasiado horripilante para permitir que clquier acto humano o combinación de hechos humanos puedan pagar por esto. Sólo Dios, de una forma milagrosa, a través de la sanidad que Yeshua, el Mesías, trae consigo, puede restaurar los corazones de los vivos al punto de que ellos puedan perdonar. Ningún cristiano tiene derecho de esperar recibir el perdón por parte de los judíos con respecto al Holocausto, y de hecho, probablemente no va a recibirlo por parte de los judíos cuyos corazones no han sido sanados por Yeshua, el Mesías.

Sin embargo, un criiano debe traer el Evangelio a los judíos. ¿Por qué? Porque es verdadero, y porque es necesario. Sin Yeshua, el pueblo judío, al igual que los gentiles, están destinados a su eterna destrucción; además, sin Yeshua, el verdadero Mesías del pueblo judío, el pueblo judío no va a alcanzar sus propias gloriosas metas prometidas en las Escrituras. El hecho de no predicar el Evangelio a los judíos es el peor acto de antisemitismo de todos. Por lo tanto, a pesar del Holocausto, y la Inquisición, y los pogrones rus, y todos los otros horrores, los cristianos deben llevar el Evangelio a los judíos. Puesto que sin Yeshua, el pueblo judío (y las demás personas), individualmente y en forma colectiva, no tienen esperanza.

3. La negligencia premeditada, justificándose en la teología, es antisemitismo

Otra forma en la que cristianos que no desean evangelizar a los judíos se justifican es a través de la teología del "*Doble Pacto*".

Ésta sostiene que Jesús trajo el pacto a través del cual los gentiles emergen del paganismo para conocer al único Dios verdadero; pero que los judíos ya tienen el pacto por medio de Moisés, así que no necesitan a Yeshua el Mesías; por lo que es tanto una desviación como un insulto mencionar a Yeshua a los judíos.

La primera objección es simplemente una cuestión lógica. Si Yeshua no es el Mesías de los judíos, entonces no es el Mesías de nadie, y los gentiles tampoco lo necesitan.

Pero para cualquier persona que acepta el Nuevo Testamento como dado por Dios, un versículo es suficiente para hacer a un lado la teología del Doble Pacto, Yojanán [Juan] 14:6: "Yeshua les dijo: Yo soy el camino, y la verdad, y la vida; nadie viene al Padre, sino por Mí". Ese versículo nos enseña que nadie, ni judío ni griego, viene al Padre sino por Yeshua el Mesías. Por si esto no fuera suficiente, también en Hechos 4:12 en el cual Kefa [Pedro] dice acerca de Yeshua: "Y en ningún otro hay salvación, porque no hay otro nombre bajo el cielo, dado a los hombres, en que podamos ser salvos". Ningún otro nombre más que Yeshua dado a los hombres para ser salvos, ni a los gentiles ni a los judíos.

Es comprensible que la teología del Doble Pacto no empezó en el cristianismo, sino en el judaísmo, puesto que provee una defensa judía en contra del Evangelio. Rambam ("Rambam" es un acrónimo para Rabi Moshé Ben-Maimón, también conocido como Maimónides, 1135–1204), viviendo en un medio ambiente en el cual el cristianismo controlaba al Estado y a todas las instituciones mayores, desarrolló la teoría de que el cristianismo era correcto para los gentiles, puesto que les ayudó a renunciar el rendir culto a ídolos y en vez de eso a alabar al Dios de Avraham, Yitzjak y Ya'akov. Según Rambam, su culto era imperfecto porque estaban mezclado las alabanzas hacia un hombre tanto como a Dios; pero rindiendo culto imperfecto a Dios era mejor que la idolatría. Ese fue un punto de vista moderado del cristianismo, comparado con las opiniones judías las cuales pensaron que el cristianismo en sí era idolatría.

A principios del siglo veinte, este punto de vista fue adoptado también por el filósofo judío Franz Rosenzweig (1886–1929), quien había considerado seriamente convertirse al cristianismo pero retornó al judaísmo después de experimentar la belleza y profundidad de un servicio de *Yom Kippur* en una sinagoga. En su libro *The Star of Redemption,* expresó la teoría del Doble Pacto en un lenguaje propio de la teología moderna. Yeshua verdaderamente es el Mesías para los gentiles, aun si no es Mesías para los judíos. Rosenzweig también llegó a la conclusión en Yojanán [Juan] 14:6: Sí, Jesús es el camino, la verdad y la vida para los gentiles, y nadie viene al Padre sino por él. ¡Pero los judíos ya están con el Padre, por los pactos mosáico y abrahámico; entonces no necesitan venir a Él! El teólogo Reinhold Niebuhr y James Parkes, el historiador que escribió extensamente acerca de la relación entre la Iglesia y la Sinagoga, se encontraban entre los que propusieron la teoría del Doble Pacto dentro del marco del pensamiento cristiano. Ellos tuvieron una buena intención, pero perdieron de vista el punto esencial de acuerdo con el Nuevo Testamento (e.g., Efesios 2:11–16): Los judíos y los gentiles pueden ser reconciliados con Dios y los unos con los otros únicamente cuando acepten a Yeshua el Mesías como Salvador y Señor.

No podemos deshacernos fácilmente de Yojanán 14:6. Yeshua estaba hablando a los judíos cuando él dijo esas palabras; además, al referimos a ellas, el Evangelio había sido presentado únicamente a Israel, por lo que no existe ninguna razón para suponer que se estaba refiriendo a los gentiles. De igual manera, Marcos nos relata que sólo horas más tarde su respuesta a la pregunta del sumo sacerdote, "¿Eres el *Mashiaj, Ben-Jamvoraj* [El Mesías, el Hijo del Bendito]?" fue inequívoca: "YO SOY". Para hacer su respuesta clara como el agua, el citó dos versículos del *Tanaj* con connotaciones mesiánicas, Salmo 110:1 y Daniel 7:13: "Y veréis al 'Hijo del Hombre' 'sentado a la diestra de *Ha G'vurá*' ['el Poder', i.e., de Dios] y 'viniendo en las nubes del cielo'".[10] El mismo concepto es de un Mesías judío, no gentil. Los cuatro Evangelios lo describen como uno que procede de los judíos, para los judíos y

---

[10] Marcos 14: 61–62.

enviado a los judíos (mientras que no excluyen a los demás). La teoría del doble pacto es una fantasía y un deseo, ni es verdad ni realidad.

Yeshua mismo anheló ser aceptado por el pueblo judío como quién él es. Pero no forzó a las personas para que le recibieran, ni permitió que otros usaran la fuerza para obtener algo para él que era suyo por derecho.[11] Mas bien lloró: "¡Jerusalén, Jerusalén!...¿Cuántas veces quise juntar a tus hijos, como la gallina junta sus polluelos debajo de las alas, y no quisiste!... Porque os digo que desde ahora no me veréis, hasta que digáis: Bendito el que viene en el nombre de *Adonai*".[12]

En conclusión, Yeshua es el Mesías tanto de los judíos como de los gentiles. Existe un solo Nuevo Pacto, hecho "con la casa de Israel y con la casa de Judá", (Jeremías 31:30–34) tanto para los judíos como para los gentiles. Los judíos necesitan a Yeshua y el Nuevo Pacto tanto como los gentiles. Depende de los cristianos gentiles y de los judíos mesiánicos dar a conocer esto a los judíos y a los gentiles que no han alcanzado la salvación, y no buscar excusas para desobedecer la Gran Comisión.

4. En Romanos 1:16, el Evangelio es "especial-mente para el judío"

Romanos 1:16 (en la versión del *Jewish New Testament*) nos dice:

> No me avergüenzo de las Buenas Nuevas, puesto que son los medios poderosos de Dios de traer la salvación a todas las personas quienes continúan confiando al judío especialmente, pero de igual manera al gentil.

Esta interpretación extrae el significado de la frase que por lo general se traduce como, "al judío primeramente". En 1984 Mitch Glaser de "Chosen People Ministries", en una conferencia en el

[11] Yojanán (Juan) 6:15.

[12] Mattiyahu (Mateo) 23: 37, 39.

Covenant Theological Seminary que entituló de una manera mordaz, "To the Jew First: The Starting Point for the Great Commission",[13] presentó tres opciones para comprender esta frase. Él concluyó que ésta no se refiere únicamente a una "prioridad histórica", al hecho de que históricamente el Evangelio fue presentado primero a los judíos y únicamente después a los gentiles, aunque esto es verdadero.

Tampoco se refiere tan sólo a "una prioridad del pacto", la idea que, como Juan Murray expresa en su comentario sobre Romanos, "la salvación por medio de la fe tiene una relevancia primordial para el judío...proced[ente] del hecho de que [él] ha sido escogido por Dios para ser el recipiente de la promesa del Evangelio y que para él fueron otorgados los oráculos de Dios", aunque esto también es verdad.

Más bien, "*al judío primeramente*" significa que existe una "prioridad actual" de presentar el Evangelio a los judíos, y la Iglesia debería reconocer esto. Esto no necesariamente significa que cada creyente en lo particular debería buscar a los judíos en su comunidad y testificarles antes de compartir con los gentiles acerca de Jesús (aunque esto es exactamente lo que Sha'ul hizo a través del libro de los Hechos). Como lo expresa Mitch Glaser, los creyentes hoy en día deberían tener:

> la prioridad de los Evangelios concerniente al pueblo judío. Quizás la explicación más lúcida acerca de la verdadera prioridad sobre el punto de vista de Romanos 1:16 puede ser encontrada en la declaración de la *Lausanne Consultation on Jewish Evangelism, Occasional Papers No. 7:*
>
> Existe, por lo tanto, una gran responsabilidad sobre la Iglesia para compartir a Cristo con el pueblo judío. Esto no

[13] Mitch Glaser, "To the Jew First: The Starting Point for the Great Commission". Disertación presentada en Covenant Theological Seminary, 1984. Copias pueden ser adquiridas a través de "Chosen People Ministries", Charlotte, North Carolina.

> es para implicar que el evangelismo judío es más importante para Dios, o que los involucrados en el evangelismo judío tienen un llamamiento más alto. Observamos que la aplicación práctica de la prioridad escritural es difícil de comprender y aplicar. ¡No sugerimos que debería haber una aplicación radical sobre " al judío primeramente" en el llamamiento de todos los evangelistas, misioneros y cristianos para buscar a los judíos dentro de su esfera para testificar antes de compartir con los no judíos! Sin embargo, hacemos un llamamiento a la Iglesia para restaurar el ministerio entre el pueblo del pacto de Dios a su lugar bíblico en la estrategia de la evangelización mundial.[14]

Los cristianos oran en el Padre Nuestro: "Vénganos tu Reino y hágase tu voluntad aquí en la tierra como en el cielo". Los judíos oran en el *Kaddish*: "Establezca Él su Reino en el tiempo de tu vida y en tus días, y dentro de la vida de toda la casa de Israel, a la brevedad y pronto". 2 Kefa [2 Pedro] 3:12 nos dice que los creyentes en Yeshua deben de trabajar para apresurar la venida del Día del Señor. ¿Podría ser esto una razón para la "presente prioridad" de predicar el Evangelio "al judío especialmente" que el hecho de negarse a evangelizar a los judíos está retrasando la venida del Reino de Dios a la tierra?

[14] *Íbid.*

IV LAS BENDICIONES

¿Por qué debemos restaurar las raíces judías del Evangelio? Debemos hacer esto para bendecir tanto a la Iglesia como al pueblo judío.

A. ¿Cómo va a ser bendecida la Iglesia?

¿Cómo va a ser bendecida la Iglesia? Ya tratamos Génesis 12:3, en donde Dios le dice a Avraham: "Bendeciré a los que bendigan a mi pueblo". Esto no es una bendición que los cristianos pueden experimentar ahora mismo. Cualquier bendición, ya sea espiritual o material (véase Romanos 15:27) al pueblo judío va a traer bendiciones en retorno a la Iglesia. "Echa tu pan sobre las aguas; porque después de muchos días lo hallarás".[1]

Sin embargo, existe una bendición adicional guardada para la Iglesia. Sha'ul [Pablo] les dice a los cristianos gentiles con respecto al pueblo judío: "Porque, si su exclusión es la reconciliación para el mundo, ¿qué será su admisión? ¡Será vida de entre los muertos!"[2] Va a ser vida de entre los muertos tanto para los judíos como para los cristianos. Esto es un poderoso motivo para evangelizar exitosamente al pueblo judío. Deseo enfatizar "exitosamente", debido a que Sha'ul aquí no promete un "100" por el esfuerzo. Únicamente cuando los judíos son de hecho "aceptados" es que

---

1 Eclesiastés 11:1.

2 Romanos 11:15

"la vida de entre los muertos" va a ser una realidad. Y esta "vida de entre los muertos" no va a ser meramente lo que algunos cristianos entienden como "avivamiento", como el hecho de tener más energía y el sentirse bien, sino ¡la Resurrección! La Resurrección sólo va a suceder cuando "todo Israel sea salvo".

B. ¿Cómo va a ser bendecido el pueblo judío?

¿Cómo va a ser bendecido el pueblo judío? Al poder alcanzar su antigua meta de ser la luz para las naciones, y también al recibir la tan esperada liberación. Como hemos visto, esta liberación va a ser tanto individual como corporativa.

¿Cómo van a venir estas bendiciones al pueblo judío? Claro está que vendrán de Dios. ¡Pero no directamente! Más bien, van a proceder de la Iglesia, ¡específicamente a través de los cristianos gentiles[3] cuando finalmente provoquen a los judíos a celos![4]

¿Tienen los judíos alguna razón para sentirse celosos de la Iglesia actualmente? Una etiqueta judía para poner en el parachoques de los automóviles hace algunos años lo dice todo. En la campaña evangelística cristiana "Clave del 73" cristianos gentiles pusieron etiquetas en sus parachoques con el lema: *"Lo encontré"*, con la esperanza de provocar cuando menos el interés, si no celos. Los judíos contestaron con otra etiqueta en sus parachoques que decía: *"Nunca lo perdimos"*.

Hay tres cosas aquí: primero, el pueblo judío comprendió bien que el "lo" se refería a que quienes llevaban las etiquetas habían "encontrado", esto es, tenían una relación con Dios por medio de Jesús. En efecto, proclamando al mundo una teología del Doble Pacto, su lema implicaba que ellos ya tenían una relación con Dios y por lo tanto no necesitaban a Jesús; además, por implicación ellos se cuestionaron sobre la teología cristiana que supone que las

---

[3] Romanos 11: 30–32. Citado a continuación.

[4] Romanos 10:19; 11: 11, 14.

personas dejan su relación con Dios y por eso necesitan ser salvos.[5]

En segundo lugar, el lema de las etiquetas tomaba en broma la idea de que un asunto tan serio relacionado con el Dios Viviente pueda ser tratado de una manera tan ligera ¿Acaso podemos hablar de asuntos tan importantes de significado universal con lemas en los parachoques de los automóviles? Ustedes "lo" encontraron. ¿Deberíamos estar celosos? ¡Deben estar bromeando!

En tercer lugar, los lemas implicaron la diferencia entre judaísmo y cristianismo tal como es visto en la actualidad: Yo, solo en mi "refugio secreto", lo encontré; *NOSOTROS*, el pueblo judío, el pueblo de Dios, nunca lo perdimos. Una mentalidad corporativa; desafortunadamente los cristianos, especialmente en la mayoría de las denominaciones protestantes, ¡lo perdieron!

¿Cómo va el cristianismo a sobreponerse a estas trabas? ¡De una sola manera![6] Al instar a verdaderos celos al pueblo judío. ¿Cómo van a lograr esto los cristianos? Al mostrar la misericordia de Dios al pueblo judío. Esto es lo que Sha'ul prescribe a los cristianos gentiles al final de Romanos 9–11:

> Pues como vosotros también en otro tiempo érais desobedientes a Dios, pero ahora habéis alcanzado misericordia por la desobediencia de Israel. Así también, Israel ha sido desobediente para que por la misericordia concedida, a vosotros, Israel también alcance misericordia. Porque Dios sujetó a todos en desobediencia, para tener misericordia de todos.[7]

Algunos suponen que este pasaje sólo menciona que Dios va a mostrar a los judíos la misma misericordia que ha mostrado a los

[5] Sobre este tema, léase a Abba Hillel Silver, en *Where Judaism Differs*, New York, The Macmillan Company, 1956, capítulo 10, titulado "That Men need to be saved".

[6] "Un solo Camino" era otro slogan de esa campaña.

[7] Romanos 11: 30–32.

gentiles. Esto es verdad, pero pierde de vista el punto principal. Después de advertir severamente a a cristianos gentiles en Romanos 11:17–24 para que no se vanaglorien en contra de las "ramas desgajadas" (los judíos no salvos), Sha'ul concluye su exhortación aconsejándoles hacer algo muy diferente, esto es, mostrar misericordia. Esto de hecho significa que la misma misericordia que Dios les ha dado sea la que ahora ellos van a canalizar a los judíos. Pero Sha'ul no está instando a observar pasivamente cómo Dios va a mostrar su misericordia a los judíos. Más bien, él amonesta a los cristianos gentiles a que muestren misericordia de una forma activa a los judíos ahora mismo. Dios nos llama a la participación activa en su programa de salvación. Esta es una cosa que puede ablandar los corazones y puede provocar a celos a los judíos no salvos. ¡Ninguna otra cosa va a lograr esto! ¡Que lástima que tan pocos han tratado esto!

Este plan de Dios tan extraordinario causó que Sha'ul se maravillara tanto que al último entona un canto al final de Romanos 11, un canto que rebosa de gozo al grado de que no hay nada igual en el Nuevo Testamento; y con este canto termino:

> ¡Oh profundidad de las riquezas de la sabiduría y de la ciencia de Dios!
>
> ¡Cuán insondables son sus juicios, e inescrutables sus caminos!
>
> Porque ¿quién fue su consejero?
>
> ¿O quién le dio a él primero, para que le fuese recompensado?
>
> Porque de él, y por él y para él, son todas las cosas.
>
> A él sea la gloria por todos los siglos.
>
> Amén.[8]

[8] Romanos 11: 33, 36.

GLOSARIO DE PALABRAS Y NOMBRES HEBREOS

Las vocales en el idioma hebreo y los diptongos son representados con la pronunciación (así mismo como la fuerza de la voz) en **negrita**. En hebreo no existen acentos prosódicos, sólo cales. Tenemos básicamente dos pronunciaciones que se diferencian en su entonación y pronunciación; el hebreo de Israel (que sigue la tradición *sefardí*, judíos de la Península Ibérica) y el de los askenazi (judíos de Alemania y de Europa Oriental). Este glosario contiene la pronunciación *sefardí*. Las consonantes en general tienen un sonido muy parecido al idioma español. La "h" final, cuando va sin los dos sonidos anteriores, es muda. Ejemplo, "vah" se pronuncia como "va" en español.

A-do-nái — mi SeñorSeñor sobre todo; nombre que usa el pueblo judío en lugar del nombre personal de Dios Y-H-V-H ("Jehová").

a-mén — que así sea.

Av-ra-**ham** — Abraham.

a-yin ra-á — literalmente "mal de ojo"; quien es tacaño.

a-yin to-vá — literalmente "buen ojo"; quien es generoso.

Ben Jam-vo-**raj** — hijo del Bendito (hijo de Dios).

Bir-**kat** Ha-Mi-**nim** — parte de las oraciones en las que se incluye una declaración contra de los sectarios (quizás contra los primeros judíos mesiánicos o cristianos). Fue agregada a la lituia de la sinagoga alrededor del fin del siglo primero.

bra-já — bendición; seas bendito.

b'-**rit** mi-lá — pacto de la circuncisión; ceremonia de la circuncisión.

co-ja-**nim** — forma singular co-jén — sacerdotes.

din to-rá — forma plural di-néi to-rá — una decisión legal que concierne a la *Torá.*

drash o mi-**drash** – una de las cuatro formas de interpretación rabínica de un texto: con una aplicación alegórica u homilética (significa literalmente "buscar").

É-retz Yis-ra-**el** — La Tierra de Israel.

go-**yim** — fma singular goy — naciones, paganos, bárbaros, gentiles.

Ha-G'-vu-rá — el Poder, la Majestad (i.e., Dios).

ja-lá — pan o torta, especialmente la preparada para celebrar el *Shabbat;* pero en Romanos 11:16 se refiere al pedazo de masa apartada para los *cojanim,* según Números 15:20, donde aparece esta palabra, y en la *Mishná,* tratado *Jalajá.*

ja-la-já — forma plural ja-la-**jot** — (1) el sistema de estatutos que es determinante en la tradición judía (literalmente, "forma de caminar"), (2) un estatuto en partilar o una decisión legal. Para más información, véase el capítulo II, nota al calce 45. Su adjetivo es *"jalajcic"*.

Ja-nu-cá — fiesta judía que celebra la rededicación del Templo por los Macabeos en 164 a.e.c. La primera referencia histórica a esta festividad se encuentra en el Nuevo Testamento en Yojanán [Juan] 10:22.

Kad-**dish** — es una antigua oración que bendice a Dios; se asemeja al Padre Nuestro; y se recita (1) en las sinagogas al final de la sección del servicio, (2) cuando se observa luto.

kal -jó-mer — argumento *a fortiori*, señalando la frase, "¡cuánto más!" "¡Si X tiene la razón, cuánto más la tiene Y!"

ka-**sher** — se refiere a los alimentos que se pueden comer porque han pasado la supervisión para el requerimiento de la ley dietética judaica. *Kashrut* es el sustantivo; "el sistema judaico que observa las leyes dietéticas". "Mantener el sistema kasher" se refiere a la observancia del *Kashrut.*

kash-**rut** — sistema judaico de las leyes dietéticas.

Ke-fá — el nombre de Pedro en arameo (significa "ca").

kip-pá — forma plural kip-**pot** — cubierta que los hombres judíos usan sobre sus cabezas, gorrita. *Yarmaka* en el idioma Yiddish.

kol — todo, total.

Ma-shí-aj — Mesías (literalmente, El Ungido); su traducción en griego es Christos, "Cristo" en español. El Rey esperado, profetizado por docenas de profesías en el *Tanaj,* el cual iba a libertar al pueblo judío de sus opresores e iba a traer la paz al mundo. El Nuevo Testamento nos muestra que Yeshua es este Mesías prometido, y que los medios para tra la paz incluían morir en el supremo sacrificio expiatorio por los pecados del mundo. Él se levantó de entre los muertos para interceder por aquellos quienes han puesto su fe en él. En su segunda venida, él va a cumplir las aspiraciones nacionales del pueblo judío y va a traer consigo la paz mundial.

Mat-ti-**ya**-hu — Mateo, un judío cobrador de impuestos para el obierno de Roma el cual se convirtió en uno de los doce emisarios (apóstoles) de Yeshua y escribió uno de los Evangelios.

mi-**drash** — véase *dras*

mitz-vá — forma plural mitz-**vot**—mandamientos.

n'-ti-**lat** ya-dá-yim — lavamiento de manos ritual antes de tomar los alimentos, de acuerdo con la *jalajá* (La *Torá* Oral), pero esto no va de acuerdo con las Escrituras.

P'-ru-**shim** — forma singular Pa-**rush** — Fariseos, uno de los dos partidos religiosos principales en el tiempo de Yeshua.

p'-**shat** — uno de los cuatro modelos de interpretación rabínica de un texto; su sentido simple, es lo que los intérpretes modernos llaman exégesis gramático-histórica (literaente, "simple").

Ram-**bam** — acrónimo para Rabi Moshé Ben Maimón, "Maimónides" (1135–1204 e.c.), el estudioso judío más conocido en la Edad Media.

ré-mez — uno de los cuatro modelos de interpretación rabínica de un texto: las peculiaridades en el texto son referidas como claves de una verdad más profunda que la que se encuentra implícita en el sentido simple (literalmente "clave").

Sane-drín — tribunal judío supremo durante el período del Segundo Templo.

Shab-**bat** — Sabat, el séptimo día de la semana (sádo).

Sha'-**ul** — forma en hebreo del nombre de "Saulo." En este libro se refiere a Saulo de Tarso también conocido como Pablo (véase Hechos 13:9).

Sha-vu-**ot** — Pentecostés, una de las tres Festividades de Peregrinaje.

She-ki-ná — la gloria manifestada de Dios.

sod — uno de los cuatro modelos de interpretación rabínica de un texto: usando los valores numéricos de las letras en hebreo para revelar "secretos" que de otra manera pasarían desapercibidos. (literalmente, "secreto").

Tal-**mud** — una recopilación la *Torá* oral judáica hecha entre los siglos segundo y quinto después de Cristo. Un compendio de la *Mishná* y de la *Guemara* *Torá* escrita.

Ta-**naj** — acrónimo compuesto de las palabras *Torá* (Pentateuco), *Nevi'im* (Profetas), y *K'tuvim* (escritos), las cuales son las tr secciones principales de la Biblia hebrea. El Antiguo Testamento.

tik-kún ha-'o-l**am** — corregir, reparar, componer el mundo.

To-rá — Ley (literalmente, "enseñanza").

treif — alimento no permitido de acuerdo con las leyes dietéticas judáicas, significa literalmente "desgarrado".

tzi-tzi-**yot** —forma singular tzi-tzit — flecos usados en las esquinas de las vestiduras, las cuales son usadas según el mandamiento en Números 15:37–41.

Ya-**'a**-kov — Jacob, Santiago. En este libro se refiere al hermano de Yesa, el Mesías, quien se convirtió en el líder de la Comunidad Mesiánica de Jerusalén y quien escribió el libro de [Santiago] Ya'akov en el Nuevo Testamento.

Ye-shu-a — el nombre del Mesías, dado a él en obediencia. Mattiyahu [Mateo] 1:21. Este nombre se encuentra 30 veces en *el T*anaj, es una contracción de Yehoshua [Josué] que significa "Dios salva" o "salvación". El nombre Yeshua se traduce en el idioma griego *como Ie*soûs, por lo que en español tenemos "Jesús".

y'-shu-'á — salvación, liberación.

Y**itz**-ja— Isaac.

Yo-ja-nán [Juan] — uno de los doce emisarios (apóstoles) de Yeshua y autor de uno de los cuatro Evangelios y de las tres cartas de Yojanán [Juan]; también se entiende que es el autor del libro de Apocalipsis.

Yom **Kip**-pur — Día de la Expiación.

BIBLIOGRAPHY

Chapman, Colin. *Whose Promised Land?* Ada: Baker Books, 2002.

Cranfield, C B. E. *Romans: International Critical Commentary* Edinburgh: T. & T. Clark Publishers, 2004.

____. "St. Paul and the Law." *Scottish Journal of Theology* (1964) 43-68.

Dake, Finnis Jennings. *Dake's Annotated Reference Bible.* Lawrenceville: Dake Bible Sales, Inc., 1961. New Testament 313-316.

Davies, W. D. *Paul and Rabbinic Judaism, 4th ed.* Philadelphia: Siglar Press, 1980.

Fischer, John. *The Olive Tree Connections.* Downers Grove: InterVarsity Press, 1983.

Fruchtenbaum, Arnold. *Hebrew Christianity: Its Theology, History and Philosophy.* San Antonio: Ariel Ministries, 1995.

Fuller, Daniel P. *Gospel and Law: Contrast or Continuum?* Pasadena: Fuller Theological Seminary, 1990.

Glaser, Mitch. "To the Jew First: The Starting Point for the Great Commissions." Lecture presented at Covenant Theological Seminary, 1984.

House, Wayne H. and Ice, Thomas. *Dominion Theology: Blessing or Curse?* Portland: Multnomah Press, 1988.

Huebner, Hans. *Law in Paul's Thought.* Edinburgh: T. & T. Clark, 1984.

Jervell, Jacob. *The Unknown Paul.* Minneapolis: Augsburg Fortress Publishers, 1984.

Jocz, Jacob. *The Jewish People and Jesus Christ.* Ada: Baker Book House, 1979.

Juster, Daniel. *Growing To Maturity.* Albuquerque: Union of Messianic Jewish Congregations, 1982.

——. *Jewish Roots.* Shippensburg: Destiny Image, 1995.

Kaplan, Mordechai M. *The Greater Judaism In The Making.* New York: The Reconstructionist Press, 1967.

Lehmann, Helmut T. *Luther's Works* Philadelphia: Fortress Press and St Louis: Concordia Publishing House, 1962-1974.

Lindsey, Hal. *The Road to Holocaust.* New York: Bantam Books, 1989.

Luther, Martin. *On the Jews and Their Lies* (1543), translated by Martin H. Bertram. Raliegh: Lulu Publishing, 2009.

Rausch, David. *Messianic Judaism.* New York and Toronto: Mellen Press, 1982.

Sanders, E. P. *Paul, the Law, and the Jewish People.* Philadelphia: Augsburg Fortress Publishers, 1983.

——. *Paul and Palestinian Judaism.* (London: Augsburg Fortress Publishers, 1977).

Schaeffer, Edith. *Christianity Is Jewish.* Wheaton: Tyndale House Publishers, 1975.

Schiffman, Lawrence H. *Who Was A Jew? Rabbinic and Halakhic Perspectives on the Jewish-Christian Schism.* Hoboken: Ktav Publishing House, 1985.

Schonfield, Hugh. *The History of Jewish Christianity.* London: Duckworth, 1936.

Silver, Abba. *Where Judaism Differs.* New York. The Macmillian Company, 1956

Sloyan, Gerard S. *Is Christ the End of the Law?* Philadelphia Westminster Press, 1978.

Stern, David H. *Messianic Judaism.* Clarksville: Messianic Jewish Publishers, 2007.

____. *Jewish New Testament.* Clarksville: Jewish New Testament Publications, 1989.

____. *Jewish New Testament Commentary*. Clarksville: Jewish New Testament Publications, 1992.

____. *Complete Jewish Bible.* Clarksville: Jewish New Testament Publications, 1998.

Williamson, Clark M. *Has God Rejected His People?* Nashville: Abingdon, 1982.

"Dialogue With Trypho, A Jew." In *The Ante-Nicene Fathers,* edited by Alexander Roberts and James Donaldson, Volume I, 194-270. Grand Rapids: Wm. B. Eerdmans Publishing Company, 1974.

"Profession of Faith, from the Church of Constantinople: From Asscmani, Cod. Lit., I, p. 105." In James Parkes', *The Conflict of the Church and the Synagogue* 397-398. New York: Atheneum, 1974.

Toland, John. *Nazarenus* 1718; quoted in both Rausch (op. cit. in Chapter II, footnote 28) and Schonfield (op. cit. in footnote 45).

ÍNDICE DE LOS VERSÍCULOS EN LAS ESCRITURAS Y DE OTRA LITERATURA ANTIGUA

TANAJ (ANTIGUO TESTAMENTO)

NUEVO TESTAMENTO

ÍNDICE DE OTRA LITERATURA ANTIGUA

ÍNDICE GENERAL DE TEMAS

Messianic Jewish Publishers & Resources

We are a three-fold ministry, reaching Jewish people with the message of Messiah, teaching our non-Jewish spiritual family about their Jewish roots, and strengthening congregations with excellent resources.

Over 100 Messianic Jewish Books, Bibles & Commentaries available at your favorite Bookstore.

Endorsed by Christian Leaders and Theologians:

Dr. Jack Hayford
Dr. Walter C. Kaiser, Jr.
Dr. Marvin Wilson
Ken Taylor
Stephen Strang
Dr. R.C. Sproul
Coach Bill McCartney
and more!

800-410-7367

www.MessianicJewish.net

Printed in the United States
by Baker & Taylor Publisher Services